全国特殊师范教育专业课规划教材
全国特殊师范教育专业课规划教材编委会 编

盲 文

主编 钟经华

天津教育出版社
TIANJIN EDUCATION PRESS

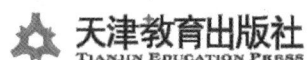

图书在版编目(CIP)数据

盲文/钟经华主编.
—天津:天津教育出版社,2007.12(2025.4重印)
(特殊教育)
ISBN 978-7-5309-5117-0

Ⅰ.盲...　Ⅱ.钟...　Ⅲ.盲文—基本知识　Ⅳ.H026.2

中国版本图书馆 CIP 数据核字(2007)第 204258 号

盲文
MANGWEN

出 版 人	黄　沛
主　　编	钟经华
选题策划	张纪欣
责任编辑	田　昕
封面设计	王　楠
版式设计	郭亚非
出版发行	天津教育出版社
	天津市和平区西康路 35 号
	邮政编码 300051
经　　销	新华书店
印　　刷	天津新华印务有限公司
版　　次	2007 年 12 月第 1 版
印　　次	2025 年 4 月第 6 次印刷
规　　格	16 开(787×1092 毫米)
字　　数	172 千字
印　　张	10.25
插　　页	1
定　　价	18.00 元

特殊教育师资培训工作需要大家关注
（代序言）

刘全礼

我国特殊教育的师资培训是伴随着我国特殊教育的发展而发展的。19世纪末叶，我国开始了现代意义上的特殊教育。但是，由于那时特殊教育的规模相对较小，还不可能出现大规模的专门的特殊教育的师资培训机构，自然也就谈不上大规模的师资培训工作了。

清末、民初以来，尽管国家开始关注、举办特殊教育学校，也进行了一些局部的或小规模的专门的特殊教育教师的培养工作，但由于灾难深重的中华民族一直处于战争和动乱的境地，特殊教育的师资培训也没机会大规模地发展。

1949年，中华人民共和国成立后，伴随着共和国各项事业轰轰烈烈的开展，特殊教育工作也呈现了前所未有的繁荣局面，特殊教育的师资培训工作开始提上政府相关部门的工作日程，并于当时举办了全国性质的特殊教育教师的培训班。在20世纪50年代后期，国家还派遣留学生到前苏联学习特殊教育，表现出国家对特殊教育工作的重视。

1978年以后，随着拨乱反正和对外开放政策的实施，特殊教育的各项工作才真正迎来了发展的春天。

1981年，黑龙江肇东师范学校开始招收专门的特殊教育的师资班，开了新时期特殊教育师资培训的先河；1983年，山东泰安师范学校也开始招收特殊教育师资班，并促成了1985年山东省昌乐特殊教育师范学校的建立；1984年，国家教育委员会在南京建立了我国第一所特殊教育师范学校——南京特殊教育师范学校；1986年，北京师范大学建立了我国第一个本科层次的特殊教育专业；之后，包括辽宁营口特殊教育师范学校在内的特殊教育师范学校或师范学校的特殊教育师资培训部相继建立，我国的特殊教育师资培训工作出现了第一个高潮。到20世纪80年代末、90年代初，我国仅中专层次的特殊教育的师资机构就达到了28所。

正是在这种好的局面下，当时国家教委颁布了特殊教育师范学校的教学计划，国家教育委员会师范司中师处还组织有关学校编写了特殊教育师范学校或特殊教育专业的21科专业课的教学大纲，并在20世纪90年代初、中期陆续编写了有关学科的教材。

我作为这些工作的参与者之一，见证了这一过程。同时，还有幸成为由北京师范大学教育系（现在的教育学院）朴永馨教授组织编写的、华夏出版社1991年出版的我国第一本特殊教育师范学校的专业基础课教材——《特殊教育概论》的作者,承担了其中的特殊教育教师章节的编写任务。

毫无疑问,从教育部到各个学校以及有关人员的这些工作,对我国特殊教育的师资培训做出了巨大的贡献。

然而,1999年以来,随着我国中专层次的师资培训机构纷纷升格为本科或专科机构,原先为中专学生编写的教材已经不能适应新的要求了。正是在这种需求下,我曾不揣冒昧,在总结自己十几年讲授特殊教育概论和思考特殊教育问题的基础上于2002年编写出了特殊教育专业本科生使用的专业基础课教材《特殊教育导论》(教育科学出版社2003年出版)。

但是,全国各地仍旧缺少各种相关的专业课教材。

几年前义方木铎公司的蒋丰祥先生了解到这个情况时,就曾建议我牵头全国的相关同志编写一套专业课教材。当时因为感觉自己没有能力完成这一工作,就没有动这个心思。

2006年春天,在与辽宁省特殊教育师范学校的潘校长会面时,她也提到同样的问题,我也是感觉自己没有这个能力,就没有敢应承这一事情。

2006年4月底,在山东潍坊见到山东潍坊幼教特教师范学校的梁纪恒校长时,他与他的一些同事也谈到类似的问题,当时,感觉事态有些"严重",就没有贸然做是否承担这个任务的决定。

回到北京之后,在与有关同志交换意见尤其是在蒋丰祥先生、张行涛博士的鼓励、支持下,决定6月或7月在北京召开一个教材的编写会议。这时我还只是抱着为大家提供一个说话的场所的朴素想法,没有想到其他。

然而,会议一开,情况就发生了很大的变化。在与会的新老朋友们的厚爱下,我不得不牵头做这个编写教材的重大工作。

也就是在这次会议上,大家决定成立编委会,成立教材编写的秘书处,并且制定了编写的计划和进程。

在秘书处的勤奋工作下,编写工作进展得非常顺利。8月15号前各位主编就拿出了编写大纲。①

我在对所有大纲粗略地阅读之后,在8月底全国特殊教育的一个会议上,参加会议的部分编委,包括河北唐健、南京王辉、潍坊李淑英、北京毛荣建、张行涛、蒋丰祥等人和我就收到的大纲进行了讨论,会后,由我集中大家的看法,提出了对大纲的意见和进一步的工作要求。

为了提高工作效率,编委会决定成熟一本(大纲)、编写一本,随之出版一本。

---

① 需要说明的是,在这之前,南京特殊教育职业技术学院、辽宁营口特殊教育师范学校(营口职业技术学院)以及北京联合大学特殊教育学院特殊教育系就有人牵头做有关工作,并且已经有了相当的成果。

值得说明的是,我虽为编委会主任,但工作是大家做的,成果是集体智慧的结晶,我只起了一个协调的作用,也只是对大纲和教材初稿提出了一些参考意见——例如2007年元月的教材初稿审定会上,对各教材提出了修改意见,但并没有时间仔细阅读各本教材,教材仍旧是由编委会和各书主编负责。

从时间上看,本套教材的编写是及时的。

按照规划,我们将陆续编完20余种专业课的教科书,同时,还将把一些与特殊教育师资培训有关的特殊教育的专著也纳入本系列,作为教学参考书。

应该说,这是我国新时期,乃至中国历史上高等特殊教育师资培训的第一套系统的专业课教材,是我国培养一线师资的老师们多年培养一线教师的实践经验的一次较大规模的、初步的经验总结。

从功能上说,我希望本套教材不仅能满足各特殊教育师资培训机构培养新师资——即职前培养的需要,也能满足特殊教育教师的继续教育的需要,还能满足普通师资培养机构新师资培养以及广大的中小学,乃至幼儿园教师的继续教育的需要。

实际上,在普通教育界开始注重并追求人的价值、开发人的价值的今天,我国特殊教育界率先开始的注重个别差异的想法与做法为普通教育实施上述理念提供了最为简洁的参照系。

例如,本人的《学业不良儿童教育学》《随班就读教育学》,即将出版的《因材施教教育学》和要修订的《个别教育计划的理论与实践》等著作就可能是一个解决普通教育问题的参照系,不仅是特殊教育师资培养所需要的,也可能是广大的普通教育工作者、科研、教研人员乃至所有的家长所需要的。

在历史上,特殊教育为普通教育的发展做出过巨大的贡献,蒙台梭利的幼儿教育方法、马卡连柯的思想教育体系都是源于特殊教育的实践。

因此,我们有理由相信,特殊教育能够影响,也应该影响乃至改造普通教育,尽管这种影响需要大家广泛的关注才能有效。

因为,今天的特殊教育已经不仅仅是盲、聋、弱智儿童的特殊教育了,而是所有有特殊教育需要的儿童的教育。在这种大特殊教育观下,任何一个人——包括智力超常儿童——在人生的某个阶段,都有可能有特殊教育的需要。

这样,也就有理由相信,本套丛书也能够在这个特殊教育影响普通教育的过程中发挥作用。

需要说明的是,由于时间仓促,加之编者的水平所限,丛书中不足甚至错误在所难免,渴望读者能够及时提出修改意见,以便修改,使之发挥更好的作用。

最后,要感谢各位同仁、尤其是教育部基础教育司谢敬仁先生,中国教育学会特殊教育分会、中国高等教育学会特殊教育分会的曲学利同志以及本书的编委会副主任陈志平先生、蒋丰祥先生、编委肖非先生、天津教育出版社的诸位编辑,是各位的努力才使得本套丛书得以顺利出版。

2006 年 9 月 16 日初稿于北京马驹桥
2006 年 9 月 28 日修改于北京师范大学塔四
2007 年 2 月 14 日定稿于北京芍药居

前　言

广义的盲文有许多种，1821年，路易·布莱尔发明了六点制盲文，因其简单易行、表意准确丰富，由此取代了其他各类形式的盲文。布莱尔发明的六点制盲文能够将视觉符号转换成触觉符号，使盲人也能够阅读和书写。六点制盲文不仅能够表示各种语言，还能够表示深奥的数理化符号、音乐符号等。

1952年，黄乃先生先后设计了"现行盲文"和"双拼盲文"两套汉语盲文方案，为汉语盲文建设做出了不朽的贡献。"现行盲文"简单、实用性强，"双拼盲文"在科学性等方面则较"现行盲文"又前进了一大步，但在实用性方面存在不足。

盲文改革的思路不应只停留在基本方案的修订，简写也能够提高盲文的科学性和简明性，提高盲文的品质。简写不是抛弃基本方案，不是对基本方案的革命，而是在基本方案的基础上进行改良，实现基本方案与简写方案的优势互补。汉语盲文研究应该百花齐放，百家争鸣，接受实践的检验，推动汉语盲文的升级换代。

英语盲文的简写方案已经很成熟了，有一百多年的历史。但有许多人认为英美盲人还在使用一个字母对应一个符形的一级盲文。实际上，一级盲文在英语国家只是过渡，不具实用性。英美小学一年级的盲童一般花2~3个月学习一级盲文，就迅速过渡到二级标准简写盲文。我国英语盲文教学也应尽快推行简写盲文的教学。

本书作为特殊教育师范专业本专科教学用书，也适合盲校和视力残疾儿童随班就读教师、视力残疾儿童教育工作、研究者使用，由于编著者水平所限，本书缺点在所难免，敬请广大读者不吝赐教，以便再版时修正。

参加本书撰稿的有（以章节为序）：北京联合大学特殊教育学院钟经华（第一章，第三章，第七章），南京特殊教育职业技术学院宋春秋（第二章，第四章，第八章），北京联合大学特殊教育学院韩萍（第五章），山东潍坊幼教特教师范学校高雪珍（第六章）。中国盲文出版社孔志清同志参与了统稿，全书由钟经华审定。

本书的编写得到了"全国特殊师范教材编委会"的指导，得到北京联合大学特殊教育学院、中国盲文出版社、南京特殊教育职业技术学院、山东潍坊幼教特教师范学校的大力支持，在此一并表示衷心的感谢！

编者
2007年10月30日

全国特殊教育师范院校专业课教材编委会

编委会主任：刘全礼
常务副主任：梁纪恒　潘　一　谢　明　唐　健
　　　　　　王　辉　陈志平　毛荣建　要守文

编委会秘书：张行涛　蒋丰祥

编委会成员（按姓氏笔画为序）：
毛荣建（北京联合大学特殊教育学院特殊教育系）
王　辉（江苏南京特殊教育职业技术学院）
刘全礼（北京联合大学特殊教育学院特殊教育系）
孙中国（山东潍坊幼教特教师范学校）
张行涛（教育部北京师范大学基础教育课程研究中心）
李玉向（河南郑州师范专科学校特殊教育系）
李镇峰（贵州安顺师范学校）
肖　非（北京师范大学特殊教育系）
陈志平（北京乂方木铎教育科技公司、洛阳市政协委员）
要守文（山西阳泉职业技术学院师范分院山西特师）
唐　健（河北邯郸学院教育系）
贾　君（吉林省教育学院综合部特殊教育研究室）
梁纪恒（山东潍坊幼教特教师范学校）
盛永进（江苏南京特殊教育职业技术学院）
曾凡林（华东师范大学特殊教育系）
谢　明（江苏南京特殊教育职业技术学院）
潘　一（辽宁营口职业技术学院）

特殊教育师资培训工作需要大家关注(代序言)/ 刘全礼
前言 / 编者

第一章　绪论　□ 001
　　第一节　盲文的产生　□ 001
　　第二节　点字符号的结构与排列　□ 004
　　第三节　汉语盲文的产生与发展　□ 005
　　思考题　□ 008

第二章　现行盲文　□ 009
　　第一节　字母符号　□ 009
　　第二节　音节和拼音　□ 010
　　第三节　声调符号和标点符号　□ 017
　　第四节　分词连写规则　□ 021
　　第五节　各类词和词组的写法　□ 024
　　思考题　□ 042

第三章　汉语盲文的简写　□ 045
　　第一节　汉语盲文简写的意义与任务　□ 045
　　第二节　汉语盲文简写的展望　□ 050
　　思考题　□ 055

第四章　常用盲文数理化符号　□ 056
　　第一节　盲文数理化符号发展概况　□ 056
　　第二节　盲文数理化符号一般书写规定　□ 058
　　第三节　常用数学盲字符号　□ 062
　　第四节　物理符号基础　□ 079
　　第五节　化学符号基础　□ 080
　　思考题　□ 084

第五章　计算机符号　□ 087
　　第一节　基本符号　□ 087
　　第二节　指示符号　□ 088
　　思考题　□ 091

第六章　常用盲文音乐符号　□ 092
　　第一节　盲文音乐符号的发展概况　□ 092

第二节	基本符号	096
第三节	词谱对应符号	102
第四节	效果符号	106
第五节	省略记号	109
思考题		113

第七章 英语盲文   117

第一节	一级盲文	117
第二节	二级盲文	121
思考题		134

第八章 盲文的阅读和书写   138

第一节	盲文的阅读	138
第二节	盲文的书写	139
思考题		152

主要参考文献   153

第一章 绪论

盲文是视力残疾人用触觉阅读的文字形式。不同的语言有不同的盲文形式。理论上讲,每种书面语言都应该有自己的盲文。

六点制是各种语言盲文的基本结构形式。为纪念它的发明者——路易·布莱尔(Louis Braille),许多语言中的盲文都用他的姓命名,如英语盲文称为Braille,我国也曾称盲文为"布莱尔文"。其实布莱尔发明的是法语盲文。但现在布莱尔符号已走出法语环境,只剩一个框架。这个框架是国际通用的,在不同的文字中再进行二次设计,重新赋予布莱尔符号意义,而形成本文字的盲文。设计一种语言的盲文方案是一项宏大的工程。要使它完整、准确地表达所要表达的文字,又要简便、易学、易用,需要长期大量的工作,并且要在使用中不断完善。

"盲文能够国际通用"其实是一个天大的误会。[①] 实际上,仅汉语盲文的不同版本就不能通用。我国现行盲文是由黄乃先生等人于1952年设计的,1953年在大陆推广。香港、澳门还沿用过去的粤语盲文,台湾省至今仍使用经略加修订的"心目克明"盲文,也称做"国语点字"。

第一节 盲文的产生

一、三种类型的盲文

1517年,西班牙人费兰西斯格·路克斯(Fraecesco Lucas)把字母雕刻在木块上教盲人触摸、认读,这是利用触觉认读的最早尝试。后来有人用厚纸板刻成字母、用大头针在软垫上插出字母、用厚纸压印出字母、用较大的铅字字母等方式教盲人认读,这些都是将普通字母按原样凸起来,没有任何其他为触觉考虑的地方,使用触觉阅读速度慢、困难大,实用价值较小。

第二种类型盲文的代表是英国人威廉·穆恩(William Moon)创造的穆恩体。这种字体基本上保持了普通字母的结构,但用最简单的线条表示字母。它虽然仍以原字母的视觉特征为主导,但线条的简化在很大程度上方便了触觉阅读。英国的盲校曾实际使用过这种穆恩体。穆恩体虽然在阅读上达到了实用程度,在书写上却仍达不到实用程度。盲人总不能用凸起的线条来

---

① 黄乃:《建设有中国特色的汉语盲文》,第280页。北京:中国社会出版社,1999年。

表示字母，这也是穆恩体最主要的缺点。

第三种类型的盲文是目前使用的点字，它的出现是盲文历史上的一次革命性的突破。它彻底抛弃了普通字母原有的视觉特征，成为一种崭新的书写形式。点符与它所代表的字母在形状上不必有任何联系，从根本上解决了盲人的阅读与书写问题。世界上各种语言经过合理的设计后，都可以用点字符号表示出来。当然，在不同的语言中点字符号可以被赋予完全不同的含义。例如：

在法语中：
⠁A   ⠃B   ⠉C   ⠙D   ⠑E   ⠡â

在汉语（现行盲文）中：
⠁（声调）   ⠃b   ⠉c   ⠙d   ⠑ie   ⠡ing

在汉语（双拼盲文）中：
⠁g（en）   ⠃h（零韵符）   ⠉zh（ou）   ⠙z（ang）
⠑ji（eng）   ⠡gu（én）

在英语中：
⠁a   ⠃b   ⠉c   ⠙d   ⠑e   ⠡ch（child）

在俄语中：
⠁A   ⠃Б   ⠉Ц   ⠙Д   ⠑E   ⠡Ё

二、点字符号的创立过程

点字的发明是对盲人教育的一个重大贡献。布莱尔创立点字经历了一个漫长而艰苦的过程，为之付出了毕生的精力和心血。

1809年1月4日，布莱尔生于法国巴黎附近的普雷村。他3岁那年，有一天在父亲制作马鞍的工棚里玩耍，不小心被工具扎伤了一只眼睛，导致受伤的眼睛失明。由于交叉感染，很快影响到另一只眼睛，到5岁时，他双目失明了。

1816年，7岁的布莱尔上学了，就读于本村的普通小学。这里没有专供他阅读的课本，也没有专门的书写工具。同样的学习，他要付出十倍的努力和百倍的艰辛。

1819年2月，10岁的布莱尔被送进巴黎皇家盲人学校就读。当时学校的条件也很有限，教学方法只是口授，学生学的是明眼人用的法文字母，书籍是用厚纸和布条糊成的凸起的普通文字（第一种类型的盲文），又大又重，读起来非常慢。布莱尔学习很勤奋，各门功课的成绩都很好。他还擅长演奏钢琴、风琴和大提琴。他希望成为音乐家，但苦于没有可以学习的乐谱和乐理书籍。他曾想研究历史、文学，但同样没有可供阅读和钻研的图书。布莱尔没有因此而苦恼、彷徨，他苦苦思索、探求，他梦想着创造一套适合盲人阅读和书写的文字表达形式。

受陆军军官查理·巴比埃（Charles Barbier）的"夜文"的启迪，布莱尔取其"夜文"十二点的一半，在1821年暑假发展成六点制盲文。他反复实验、验证，他的六点制盲文终于能与法文字母对应。布莱尔把自己的研究结果公诸于众，同学、老师、校长都很吃惊，对六点制盲文十分喜欢。

到1824年，布莱尔的盲文体系已经基本形成。他为精益求精，继续深入研究。1826年，还是学生的布莱尔由于学习成绩出类拔萃，便担任了低年级的代数、几何、音乐等课程的教学，他还到普通学校进修风琴。这为他研究和实践六点制盲文体系提供了条件。

1827年，布莱尔用他的六点制盲文抄录了《法语中的语法》一书中的不少片段，这证明他设计的盲文已经能够记录和表达较高层次的知识内容。1828年之后，他又把研究的重点转移到记录乐谱符号上，难关被接连突破，奇迹一个又一个地出现。经过精心设计，多次的排列和实验，布莱尔编排出了整套法文点字字母和标点符号，六点制盲文体系很简洁，极易阅读，也方便书写。

1829年，布莱尔首次向巴黎盲人学校全体师生宣布了他的点字方案。标志着布莱尔点字正式诞生了。

布莱尔的伟大创造并没有立即得到应有的重视和承认，他的点字推广经过了相当漫长而曲折的艰难历程。

1834年，布莱尔把再次修改和补充的方案在公开场合介绍和表演，仍然遭到反对，只许继续进行实验性教学。布莱尔不厌其烦地给政府有关部门写信，呼吁审查和认可他的点字体系。但是，始终没有得到实质性的答复。布莱尔没有因此心灰意冷，仍然始终不渝地继续对他的点字方案进行修改、补充和完善。

由于精神上的压抑，他积劳成疾，1835年，布莱尔患上肺病，但他仍没有停止对点字的研究和推广，直到1843年他病重卧床。

1844年2月22日，巴黎皇家盲人学校举行隆重的搬迁新校舍的典礼。布莱尔的一位莫逆之交准备了题为《盲人书写凸点体系的报告》的发言，他对布莱尔的点字做了很高的评价。盲生现场朗诵、弹唱用布莱尔点字写出的诗词和歌谱，效果出人意料地好，在观众中引起轰动。事实给了布莱尔点字体系最公正的评价。

1854年，布莱尔逝世后两年，他的点字方案终于被法国公认为合法的盲文。1857年，在柏林召开的国际盲人教师代表大会上，决定所有盲人学校都采用布莱尔点字进行教学。到1882年全世界除了少数几个国家外，都采用了布莱尔点字。1887年，布莱尔点字被国际公认。人们为了永远纪念布莱尔的伟大贡献，于1895年将他的姓作为点字的国际名称，称盲文为"布莱尔（Braille）文"。

第二节　点字符号的结构与排列

一、点字符号的基本结构

布莱尔六点制符号三行二列，呈长方形。

左列从上而下分别为1、2、3点，右列从上而下分别为4、5、6点。

一个六点制字符所占的长方形空间称为一方。中国盲文标准为：每方左右宽4毫米，上下6毫米，面积约24毫米。点间距2.2~2.8毫米，点高0.2~0.5毫米，点径1~1.6毫米，方距3.5~4毫米，行距5~6毫米。①

一方内的每个点都有凸起或不凸起两种可能，总共能够形成2^6=64个字形。只有1个点凸起的有6个，有5个点凸起的也有6个；有2个点凸起的有15个，有4个点凸起的也有15个；有3个点凸起的有20个；6个点都凸起的只有1个，6个点都不凸起的也有1个（空方）。由于6个点都不凸起的符号在纸面上是空白，只能表示一个间隔，不能表示"实际"意义，习惯上不把它当做一个符号，通常认为布莱尔六点制符号有63种变化。

二、点字符号的国际通用排列顺序

国际上，通常把63个点字符号分为7行，第一行是基本行，其他行都与第一行有较密切的联系。前5行每行10个，第六行6个，第七行7个。它们的排列顺序是：

第一行
第二行
第三行
第四行
第五行
第六行
第七行

这种国际通用排列顺序，符号之间、行与行之间有一定的位置联系，规律清楚，便于记忆。第一行是在第1、2、4、5点位上变化，第3、6点都不凸起。

---

① 国家技术监督局：《中国盲文》中华人民共和国国家标准 GB/T 15720—1995 1995-09-08，第10页。

第二行的各个符号是在第一行的各个符号的基础上加第3点，第三行的各个符号是在第一行的各个符号的基础上加第3、6点，第四行的各个符号是在第一行的各个符号的基础上加第6点，第五行的各个符号是在第一行的各个符号的基础上下移一层点位，形状保持不变，没有了第1、4点。第五行符号也叫低层符号。第六行符号的特点是没有第1、2点，都有第3点，第七行都没有第1、2、3点，也称为后单列符号。后单列符号触觉辨认较困难，被认为是天生的缺陷符形。

三、点字符号的逻辑排列顺序

除了国际通用排列顺序外，还有一种逻辑性更强的排列顺序。这种排列按照点位的内在逻辑，将国际通用排列顺序的第六行、第七行归到了前5行中。

第一行										
第二行										
第三行										
第四行										
第五行										

这样，全部不含第3、6点的符号都列在了第一行，所有含第3点的符号都列在了第二行，所有含第3、6点的符号都列在了第三行，所有含第6点的符号都列在了第四行，所有下层符号都列在了第五行。

逻辑排列顺序第二、三、四行的第1个，可以看做是在第1、2、4、5点都不凸起的情况下，分别加第3点、第3、6点，第6点形成的。这充分体现了原有的内在逻辑，也从另一个方面说明，第一行暗含着空方，它没有第3、6点，第1、2、3、4点的变化又是都不凸起。当然，它下降一层点位仍然是空方，所以，它又出现在第五行第1个。

尽管这样排列本身的逻辑性更强，但是，没有反映触觉规律，所以国际通用排列顺序使用得更广泛。这一点，在英语盲文中表现得更突出，除w使用了第四行最后一个字母外，英语的25个字母依次使用了国际通用排列顺序的第一、二行，第三行的前5个字母。

第三节　汉语盲文的产生与发展

布莱尔当年发明的法语盲文应当看做是两次创造的结果。第一次是63个六点制的基本符号，第二次是选择不同的符号代表不同的法语字母，建立基本符号与法语字母之间的联系。

布莱尔创造的63个基本符号可以为世界各国盲人服务。但是,六点盲字符形只能从左到右线性排列,而汉字是非线性结构的。由于汉字结构复杂、数量繁多,似乎不可能通过布莱尔符形代表笔画、偏旁、部首等,进而科学实用地表示成千上万的汉字。我国历史上出现过的盲文都是用六点制符号表示语音的。

一、历史上的几种汉语盲文

在半封建半殖民地的旧中国,政治腐败、经济落后,盲文和盲人教育更没有一席之地。早期的汉语盲文大都由外国传教士设计。

"康熙盲字"是我国最早的汉语盲文。它以两个布莱尔符号组成一个音节,将当时北京话的408个音节逐个排出来,以号码形式表示不同的读音,以前后两个符号的高低区分声调。这种盲文不是拼音形式,不需要分词,在书写上比较省篇幅。但是,读音要按照号码死记硬背。

"福州盲字"是由外国女传教士设计的以拼音方法拼写闽南话的盲文。这是一种方言盲文,有30多个字母,每个音节由两个或两个以上的符号组成。1911年前后,女传教士又加以改进,字母增加到53个,声调符号7个,每个音节由声韵调三个符号组成。1920年前后,她又提出了一些简写方法,简写词前后都用空方进行间隔。这可以说是汉语盲文分词、简写的雏形。

"心目克明盲字"是由英国传教士于1900年设计的以拼音方法拼写南京话的盲文。这套盲字共有54个字母,其中声母18个,韵母36个,多数声、韵、调各占一方,韵母独立成音节时占两方。由于"心目克明音字"的音节结构简单,南京话方言区域比较广,1919年后有许多盲校采用了它。它是我国历史上影响较大的盲字。上海盲人教师王湘源博士以"心目克明"为基础,拟出一套"心目克明两方字"。这种两方字在两方内即标出南京话的5个声调,又保持着声母与韵母符号上的联系。这应该说是我国历史上最早出现的声韵调双拼的汉语盲文。

二、现行盲文

1952年,我国以黄乃先生为主设计出了《新盲字方案》(习惯上称为"现行盲文")。这是一个以注音字母为基础,采用分词方法拼写普通话的方案。它含有52个字母,每个音节由声韵两个点符组成(有时可以省略),词与词之间分开,词内连写。该方案规定"一般不标调,需要时才标调"。通常只有量音节标调,以区别同音词和生僻词。

《新盲字方案》由教育部于1953年公布推广,由于它设计合理,简单易学,不受方言区域限制,在不到半年的时间内迅速取代了其他几种盲字,成为中国大陆统一规范的盲字,并延用至今,"现行盲文"由此而得名。现行盲文从1953年推广以来,对提高盲人的思想觉悟和文化知识水平,为盲人平等地参与社会生活发挥了重要作用。

现行盲文虽然以无可争议的优势取代了其他几种旧盲文,在中国大陆通用。但是,在使用的实践中也出现了不足,如有些普通话的音节不能准确地拼写,音调混淆,有时甚至要依靠上下文猜测词义。问题的关键在于现行盲文标调的随意性,我国的盲文研究工作者对此给予了高度重视,在这方面的研究从来没有停止过。

三、汉语双拼盲文

为解决盲文的标调问题,经历了近二十年的探索之后,1975年黄乃先生提出了一种在两方盲符之内全面实现标调的方案,称为"七五方案"。之后又经过了十几年的不断研究、探索,在全国二十多所盲校试点。1986年3月第一次盲文改革研讨会(三里河会议),讨论解决了后单列问题(没有1、2、3点的符形)。1989年9月第二次盲文改革研讨会(张家口会议)上,修正为用5、6点标调。1991年7月第三次盲文改革研讨会(香山会议)又改回了用3、6点标调,并且对字母也做了很大改动。1992年6月,第四次盲文改革研讨会(大兴会议)审议了《汉语双拼盲文修订方案》。来自国家教委、国家语委、中国社会科学院、北京大学、北京师范大学等单位的专家学者肯定了这个修订案,并定名为"汉语双拼盲文"。

1995年5月16日,原国家教委、民政部、国家语委、新闻出版署、中国残疾人联合会共同发出《关于在全国试推行〈汉语双拼盲文方案〉的通知》。同年,中残联分别在北京、天津、青岛举办了汉语双拼盲文师资培训班。

汉语双拼盲文以两方盲符拼写汉语的一个实有音节。声方在左,包括声母、半声母、介母和零声符。韵方在右,包括韵母、零韵符和调号。双拼盲文声介合一,韵调合一,两方之内字字标调。基本上符合词形清晰,音意准确,少方少点,好学好用的设计原则。双拼盲文放弃了字母国际化,取得了按照汉语特点设计的自由。突破了一符一母的传统思想,允许部分声母与韵母同形。点位的变化反映了汉语语音的内在联系。按字母使用频率设计字符,频率高者用少点符形,频率低者用多点符形,取得了在总体上减少点数的效果。平均每方2.9个点,每百字平均579.83个点。点数分布合理,上、中、下排比例为1.48:1.34:1,符合手指尖端触觉最敏锐,越往里越差的生理特征。缺陷词形的出现频率为1.75‰,点过稀或过密的词也较少,实现了最大限度的词形优化。[①]

[①] 黄乃:《建设有中国特色的汉语盲文》,第280页。北京:中国社会出版社,1999年。

双拼盲文有节约篇幅的简写法和常用词的缩写,还规定了对于拼音文字缺乏表意功能起到补偿作用的"哑音定字法"。同音同调词分化标志符的使用,又利用计算机实行汉语与盲文的相互转换,为我国盲人使用计算机开辟了广阔的前景。

双拼盲文在科学性、准确性、系统性等方面较现行盲文都前进了一大步,而在实用性方面存在不足。它的许多内在规律超出了盲童入学时的理解水平,设计中的理解记忆,对于7岁左右的儿童而言,是机械记忆,而且这种机械记忆的量是相当大的。也就是说,双拼盲文设计的科学性对初学盲文的低年级儿童是体现不出来的。对于方言区的儿童,字字标调也存在很大的现实问题,虽有利于阅读,书写却极易出错。

双拼盲文与现行盲文的主要区别是标调,在几十年的争鸣中,也曾有过对现行盲文全部加第三方标调的主张。但是,95%的音节都增加一方,不符合经济性原则,更主要的是减慢了阅读的速度与书写的速度,影响学习效率。

思考题

1.布莱尔坚韧不拔的精神对你有什么启示?
2.你怎样认识点字符号的基本结构?
3.请你试着创造一套用布莱尔点字符号表示汉字的方案。

提示:

可以从63个符号中选择一些简单符号,表示偏旁、部首、笔画,然后组合成汉字,也可以用一些符号直接表示独体字。

例如:规定⠿表示"木",⠿表示"又",⠿表示"寸"。那么,"林"可以表示为⠿⠿,"森"可以表示为⠿⠿⠿,"权"可以表示为⠿⠿,"对"可以表示为⠿⠿,"树"可以表示为⠿⠿⠿。

建议:

几个人一组,共同研究讨论,发挥集体的智慧,协调攻关。

要求:

1.每个字最多不超过5方。
2.如果你组设计出了一种方案,请公布,并听取他人的意见和建议。
3.如果你组设计不出一种可行的方案,请谈谈感想和体会。

第二章 现行盲文

我国现行盲文（原称"新盲字"）采用的是1952年黄乃同志的《新盲字方案》。它以布莱尔六点制盲文为基本结构，以北方话为基础，以北京语音为标准，采用分词连写方法拼写普通话，是一种拼音形式的文字，与健全人使用的汉字迥然不同。

第一节 字母符号

现行盲文的字母共有52个，其中声母18个，韵母34个。见下表：

字母表

声母			
	b(1、2)	p(1、2、3、4)	m(1、3、4)
	f(1、2、4)	d(1、4、5)	t(2、3、4、5)
	n(1、3、4、5)	l(1、2、3)	g,j(1、2、4、5)
	k,q(1、3)	h,x(1、2、5)	zh(3、4)
	ch(1、2、3、4、5)	sh(1、5、6)	r(2、4、5)
	z(1、3、5、6)	c(1、4)	s(2、3、4)
韵母	a(3、5)	o,e(2、6)	i(2、4)
	u(1、3、6)	ü(3、4、6)	er(1、2、3、5)
	ai(2、4、6)	ao(2、3、5)	ei(2、3、4、6)
	ou(1、2、3、5、6)	ia(1、2、4、6)	iao(3、4、5)
	ie(1、5)	iou(1、2、5、6)	ua(1、2、3、4、5、6)
	uai(1、3、4、5、6)	uei(2、4、5、6)	uo(1、3、5)
	üe(2、3、4、5、6)	an(1、2、3、6)	ang(2、3、6)
	en(3、5、6)	eng(3、4、5、6)	ian(1、4、6)
	iang(1、3、4、6)	in(1、2、6)	ing(1、6)
	uan(1、2、4、5、6)	uang(2、3、5、6)	uen(2、5)
	ong(2、5、6)	üan(1、2、3、4、6)	ün(4、5、6)
	iong(1、4、5、6)		

记点字字母，一般采用的方法是背诵字母符形点位的数字。例如：⠊ian 要记住"1、4、6点是 ian"。除此以外，还可以先把点符中的各个点子按一定的方法用短线连起来，把这个符形看成某种形状，按符形记忆。例如：⠏p，将凸点连起来即⠹，然后按"「"这样的形状来记。再如⠳iou，将点子连起来即⠳，然后按"凵"这样的形状来记。

在记字母符形时，要注意字母符形间的联系。如：⠔in-⠢iao，⠍m-⠊ian，⠺uei-⠻er，两个符形间恰好是对称关系；如；⠛g-⠛uang，⠉c-⠉uen，⠓h-⠓ang，两个符形形状相同，只是位置不同；⠾üe、⠺uai、⠳uan、⠪ou、⠬üan、⠡ch这6个缺一个点的字母符形，可以按顺序记其缺少的点位。这6个字母再加一个字母⠿ua，可以用这样的顺口溜来记：约一、歪二、弯三、欧四、冤五、吃六、哇满方！（方：一个六点制盲符所占的平面位置。①这里的满方是指该盲符有六个点，即⠿。）

第二节　音节和拼音

一、音节

音节是语音的基本结构单位，是听觉上最容易分辨出来的语音的自然单位。一般说来，一个汉字所代表的音，就是一个音节。严格划分音节的标准，应当以发音器官肌肉紧张程度的增减为依据。每发一个音节，发音器官的肌肉，特别是喉部的肌肉都明显地紧张一下。每一次肌肉的紧张程度增而复减，就形成一个音节。两个音节的分界线表现在每一次肌肉紧松、气流的强弱成分上。例如："渔业"不会被听成"月"，"治安"不会被听成"战"，就是这个缘故。

汉语普通话的音节一般是由声母、韵母和声调构成的。有些比较复杂的音节的韵母包含韵头（又叫介母）、韵腹（又叫主要元音）和韵尾三个部分。北京语音有400多个基本音节，声韵结合的音节约占90%，没有声母的音节约占10%。

现行盲文是一种拼音形式的文字，一般来说，一个音节就是一个盲字。现行盲文的音节结构与汉语普通话的音节基本一致，符合汉语语音的规律。

二、拼音

拼音，就是按照汉语音节的结构规律，把声母和韵母快速连读拼合在一

---

① 朴永馨，顾定倩：《特殊教育辞典》，第156页。北京：华夏出版社，2006年。

起而成为一个音节。

拼音时应注意以下几个问题。

第一,声母念本音。平常念声母,一般是念它的呼读音。声母的呼读音都是在声母的本音后面加上一个元音。用声母拼音时,应该去掉这个加进去以便呼读的元音,而用它的本音。例如:拼读 pa(趴),应该先双唇紧闭,积蓄气流,然后双唇突然打开,送气,发出 a 音,这样拼出的音才是准确的。在这个过程中,已把 p 后面的 o 音去掉了,发出的是很轻短的音。

第二,声母、韵母之间的距离缩短并且不要间断。汉语的拼音方法是把声母和韵母连续快读,声韵之间要一气拼成,不可停顿。首先做念声母的准备,然后冲出韵母来,就成了要拼的音节。例如:拼 gǔ(谷)时,g 和 u 之间有了停顿,就会拼成 g(ē)- ǔ(歌舞)。

第三,要念准韵头。对于有韵头(介音)的音节,在拼音时要注意把韵头念准,有意识地让口张得慢一些,把韵头引出来。有些韵头是圆唇元音,拼音时要注意把嘴唇拢圆,把韵头念准。念不准韵头,就可能出现丢失韵头或改变韵头的现象。例如:拼 luàn(乱)时,如果丢失韵头,就会拼成 làn(滥);拼 xué(学)时,如果丢失韵头,就会拼成 xié(鞋)。

两拼法和三拼法是最常用的拼音方法。

两拼法,就是把音节分成声母和韵母两个部分进行拼音的方法。韵母当做一个整体,不管结构如何都不分开念。即"前音(声母)轻短后音(韵母)重,两音相连猛一碰"。例如:

g-uāng→guāng(光)　　　m-íng→míng(明)

l-ěi→lěi(磊)　　　l-uò→luò(落)

三拼法,就是把音节分成声母、韵头、韵腹(有韵尾的则包括韵尾)三部分进行连读的方法。这种方法只适用于有韵头的音节。即"声短、介快、韵母响,三音连读很顺当"。例如:

j-i-ā→jiā(加)　　　q-i-áng→qiáng(强)

d-u-àn→duàn(锻)　　　l-i-àn→liàn(炼)

三、现行盲文音节的拼读拼写

现行盲文的音节写法和拼音方法与汉语拼音相近,但是没有"三拼"的形式。因为在这里,介母和韵母相结合的音是用一个点字符号来表示的。例如,音节 qian(前),由于韵母 ian 是用符形⠊来表示的,因此,qian(前)就是由声母⠟(q)和韵母⠊(ian)两个部分构成的。

现行盲文的音节拼读拼写规则可简单概括为以下几条。

（一）一般情况下，一个音节是由声、韵两个点符构成，声母在前，韵母在后

例如：美好 meihao 写做 ⠿⠿⠿⠿

平均 pingjun 写做 ⠿⠿⠿⠿

（二）声母 ⠿zh、⠿ch、⠿sh、⠿r、⠿z、⠿c、⠿s 可以单独构成音节。它们单独构成音节时，分别读做 zhi、chi、shi、ri、zi、ci、si；其余的声母不能单独构成音节

例如：迟到 chidao 写做 ⠿⠿⠿⠿

知识 zhishi 写做 ⠿⠿⠿⠿

（三）声母 ⠿g、⠿k、⠿h，如果和 ⠿i、⠿ü 相拼或与以 i、ü 开头的韵母（如 ⠿ian、⠿üan）相拼的时候，分别变读做 j、q、x

例如：⠿⠿⠿⠿ 读做 ji qi（机器）

⠿⠿⠿⠿ 读做 quan jun（全军）

（四）韵母可单独构成音节

例如：山坳 shanao 写做 ⠿⠿⠿⠿

乌鸦 wuya 写做 ⠿⠿⠿⠿

（五）鼻韵母 ⠿ong 单独构成音节时，读做 weng

例如：⠿⠿⠿⠿ 读做 lao weng（老翁）

（六）声母 ⠿b、⠿p、⠿m、⠿f 和韵母 o⠿ 相拼时，分别读做 bo、po、mo、fo 音

（七）在一个词里，如果前面的音节是由 ⠿zh、⠿ch、⠿sh、⠿r、⠿z、⠿c、⠿s 这7个声母单独构成的音节，后面的音节是由韵母单独构成的音节，为了不致发生音节界限上的混淆，要在两者之间使用声调符号隔开

例如：植物 zhiwu 写做 ⠿⠿⠿⠿

市委 shiwei 写做 ⠿⠿⠿⠿

【附录】

音 节 表

⠿	⠿	⠿	⠿	⠿	⠿	⠿	⠿
zhi	chi	shi	ri	zi	ci	si	er

⠿	⠿	⠿	⠿	⠿	⠿	⠿	⠿	⠿	⠿
a	ba	pa	ma	fa	da	ta	na	la	ga

ka　ha　zha　cha　sha　za　ca　sa

o、e　bo　po　mo　fo　de　te　ne　le　ge

ke　he　zhe　che　she　re　ze　ce　se

yi　bi　pi　mi　di　ti　ni　li　ji　qi　xi

wu　bu　pu　mu　fu　du　tu　nu　lu　gu　ku

hu　zhu　chu　shu　ru　zu　cu　su

yu　nü　lü　ju　qu　xu

ai　bai　pai　mai　dai　tai　nai　lai　gai　kai　hai

zhai　chai　shai　zai　cai　sai

ao　bao　pao　mao　dao　tao　lao　gao　kao　hao　zhao

chao　shao　rao　zao　cao　sao

ei　bei　pei　mei　fei　dei　nei　lei　gei　kei　hei

第二章　现行盲文

zhei shei zei

ou pou mou fou dou tou nou lou gou kou hou

zhou chou shou rou zou cou sou

ya dia lia jia qia xia

yao biao piao miao diao tiao niao liao jiao qiao xiao

ye bie pie mie die tie nie lie jie qie xie

you miu diu niu liu jiu qiu xiu

wa gua kua hua zhua chua shua

wai guai kuai huai zhuai chuai shuai

wei dui tui gui kui hui zhui chui shui rui

zui cui sui

wo duo tuo nuo luo guo kuo huo

| zhuo | chuo | shuo | ruo | zuo | cuo | suo |

| yue | nue | lue | jue | que | xue |

| an | ban | pan | man | fan | dan | tan | nan | lan | gan | kan |

| han | zhan | chan | shan | ran | zan | can | san |

| ang | bang | pang | mang | fang | dang | tang | nang | lang | gang | kang |

| hang | zhang | chang | shang | rang | zang | cang | sang |

| en | ben | pen | men | fen | den | nen | gen | ken | hen | zhen |

| chen | shen | ren | zen | cen | sen |

| eng | beng | peng | meng | feng | deng | teng | neng | leng | geng | keng |

| heng | zheng | cheng | sheng | reng | zeng | ceng | seng |

| yan | bian | pian | mian | dian | tian | nian | lian | jian | qian | xian |

| yang | niang | liang | jiang | qiang | xiang |

第二章 现行盲文

yin　bin　pin　min　nin　lin　jin　qin　xin

ying　bing　ping　ming　ding　ting　ning　ling　jing　qing　xing

wan　duan　tuan　nuan　luan　guan　kuan　huan　zhuan　chuan

shuan　ruan　zuan　cuan　suan

wang　guang　kuang　huang　zhuang　chuang　shuang

wen　dun　tun　lun　gun　kun　hun

zhun　chun　shun　run　zun　cun　sun

weng　dong　tong　nong　long　gong　kong　hong

zhong　chong　rong　zong　cong　song

yuan　juan　quan　xuan

yun　jun　qun　xun

yong　jiong　qiong　xiong

第三节　声调符号和标点符号

一、声调符号的写法

在汉语里,发音时音节的高低升降能够区别意义。这种能区别意义的高低升降叫做声调。普通话有4种基本声调:阴平、阳平、上声、去声。为了界音和区别同音词,现行汉语盲文也使用了这4种声调。声调符号的写法是:

阴平　⠁　（1）　　　　阳平　⠂　（2）
上声　⠄　（3）　　　　去声　⠆　（2、3）

阴平　也称第一声。音调高而平,延长起来没有变化。例如:江山多娇、东方、新鲜。

阳平　也称第二声。声音由中音升到高音。例如:人民、牛羊成群、顽强。

上声　也称第三声。声音由半低音先降到低音再升到半高音。例如:展览、永远友好、爽朗。

去声　也称第四声。声音由高音降到低音。例如:计划、胜利万岁、道路。

二、声调符号的用法

（一）音节标调时,声调符号应写在需标调的音节的后面

例如：　恩人　ēnren　　写做　⠴⠝⠗⠝
　　　　拼音　pīnyin　　写做　⠏⠔⠝⠽⠝

（二）现行盲文的声调符号设置是可有可无的,[①]**一般情况下,不使用声调符号,音节的声调往往依据上下文来确定**

例如：　⠽⠷⠐⠙⠖⠽⠬⠓⠐⠉⠊⠐⠞⠦⠇⠊⠐⠭⠡⠐⠺⠡⠐⠙⠮⠐⠭⠜⠕⠡⠆⠂

月亮倒映在池塘里,像一只弯弯的小船。

（三）但当音节间界限容易发生混淆时,需要使用声调符号界音,以帮助分清音节界限

例如：“思维——siwei”一词中,前面的音节是由声母 ⠎（s）单独构成的音节,后面的音节是由韵母 ⠺（ui）单独构成的,两个音节要连写在一起。为了不致发生音节界限的混淆,需在两者之间加上第一声的声调符号,即把前面的音节 ⠎（si）标调,以区别两个音节的界限。"思维——siwei"一词应写做"⠎⠁⠺"。

[①] 滕伟民、李伟洪:《中国盲文》,第33页。北京:华夏出版社,2004年。

"意思——yisi"一词中,前面的音节是由韵母 i（⠁）单独构成的,后面的韵母是由声母 s（⠎）单独构成的,两个音节要连在一起,为了便于拼读,可以把第一个音节标调。"意思——yisi"一词写做"⠊⠁⠆⠎⠁"。

（四）除了介音,人名、地名、较生疏的词和一些文言成语需要使用声调符号来帮助发音,某些同音词也是使用声调符号来区别的

例如： 他　⠋⠔　　她　⠋⠔⠆　　它　⠋⠔⠒（特殊写法）
　　　由　⠳⠂　　有　⠳　　　又　⠳⠐
　　　诗　⠱⠁　　时　⠱⠂　　使　⠱⠄　　事　⠱⠐
　　　同志　⠞⠲⠌⠆　　通知　⠞⠲⠁⠌⠁　　统治　⠞⠲⠄⠌⠐

三、标点符号

标点符号是书面语言的一个有机组成部分。正确使用标点符号,能帮助读者分清句子结构,辨明语气,理解文意。现行盲文使用了现代汉语中所有的标点符号,并根据点字符号的特点,适当增加了几个,在书写形式上也有特别的规定。现把现行盲文标点符号的写法举例说明如下。

（一）句号（。）⠐⠆（5,23）

句号表示一句话完了之后的停顿。

例如：⠗⠴⠍⠬　⠟⠳⠒⠚⠲⠉⠄　⠳　⠒⠥⠬⠆⠝⠁⠆　⠙⠂　⠟⠦⠆⠵⠖⠄⠇⠊⠆　⠐⠆
　　　人民　　群众　　有　无限　　的　　创造力　。

（二）逗号（,）⠐（5）

逗号表示一句话中间的停顿。它的后面要空一方。

例如：⠊⠂⠟⠳⠒　⠛⠜⠂⠃⠺⠂　⠍⠮⠄⠇⠊⠆　⠙⠂　⠞⠊⠂⠮⠂　⠉⠲⠂
　　　一群　　洁白　　美丽　的　　天鹅,　从

　　　⠅⠲⠁⠌⠲⠁　⠛⠺⠐⠒⠄
　　　空中　　飞过　。

（三）顿号（、）⠠（4）

顿号表示句中并列的词或词组之间的停顿。它后面要空一方。

例如：⠇⠕⠂⠃⠕⠄　⠠　⠃⠺⠂⠉⠆　⠠　⠓⠒⠂⠛⠿⠁　⠠　⠃⠊⠄⠙⠳⠐,　⠙⠕⠁⠱⠆
　　　萝卜　、　白菜　、　黄瓜　、　扁豆,　都是

　　　⠱⠥⠁⠉⠆　⠐⠆
　　　蔬菜　。

（四）分号（；）⠐⠰（56）

分号表示一句话中并列分句之间的停顿。它的后面要空一格。

例如：⠋⠔⠂　⠙⠂　⠱⠫⠂⠱⠢⠄,　⠓⠺⠂⠱⠱⠂　⠝⠜⠐　⠁⠝⠨⠂;
　　　他　的　神色,　还是　　那么　　安详；

他的　　举止，还是　那么　　凝重。

（五）问号（？）⠿⠿（5,3）

问号表示一句问话完了之后的停顿。

例如：
你　知道　青蛙　和　蚂蚁　怎么　过冬

吗？

（六）感叹号（！）⠿⠿（56,2）

感叹号表示一句感情强烈的话完了之后的停顿。

例如：
这　是　多么　平静　的　一个　原野！

（七）冒号（：）⠿⠿（36）

冒号表示提示语之后或总括语之前的停顿，有提示下文或总括上文的作用。它的后面要空一方。

例如：
人类　知识　可以　分为　两类：社会

科学　和　自然　科学。

（八）引号（""）⠿⠿　⠿⠿（45,45）

（''）⠿⠿　⠿⠿（45,45;45,45）

引号表示文中引用的部分。使用时要在引号的开号前和关号后各空一方。

例如：
大象　惊讶地　问："你　真的

相信，我的　朋友？"

（九）括号（（））⠿⠿　⠿⠿（56,3;6,23）

（［］）⠿⠿　⠿⠿（56,23;56,23）

括号表示文中注释的部分。

例如：
他的　追随者　由于　忠诚　和

同情（一种　很　软弱　的　感情），

而甘愿为他殉身。

（十）破折号（——）⠠⠤⠤（6,36）

破折号表示它后面有个注释性的部分，或表示语意的转换、跃进或语音的中断、延长。

例如：他的脸上浮着超凡绝俗的微笑——那是理想实现的微笑。

（十一）省略号（……）⠄⠄⠄（5,5,5）

省略号表示文中省略的部分。它的后面要空一方。

例如：创造的汗水，进军的鼓点，奋战的吼声，胜利的欢呼……使今天显得格外迷人。

（十二）书名号（《 》）⠔ ⠦（5,36;36,2）
　　　　　（〈 〉）⠌ ⠴（5,3;6,2）

书名号表示书籍、篇章、报刊等名称。使用方法与引号相仿。

例如：屈原的《离骚》，永远使人感泣。

（十三）连接号（-）⠤（36）

一行末了，一个词没有写完，需要转到下一行再写时，在第二行的开头要先写 ⠤（连接号），再写没有写完的音节；同一音节不可使用连接号隔开。

（十四）间隔号（·）⠐⠄（6,3）

间隔号又称分读号，用在年、月、日之间，或音译的名和姓、书名、篇名中间，表示分界。

例如：刘和珍在"三·一八"惨案中被杀害，时年二十二岁。

（十五）着重号（×××）(5)

着重号表示文中特别重要或值得读者注意的词句。使用方法是在需要着重的词的前面加第五点。如果是 4 个以上的词需着重，则在开头一个词的前面加 2 个第五点（ ），在最后一个词的前面加 1 个第五点（ ）。

例如：　　　我　　夏秋　　两季　　看守　　庄稼。

（十六）注释号（*）(2356, 35)

　　　　　　① (56, 36; 36, 23)
　　　　　　②

（十七）黑体号 (6)

黑体号表示汉字里的黑体字部分，使用方法与着重号相仿。

（十八）字母大写号 (6)

拼音文字中出现专名时，有字母大写的规定。现行盲文也是如此。

例如：

　　　　　　　卡尔·马克思

　　　　　　　南京

（十九）字母小写号 (56)

例如：　　　a　　加　　b

第四节　分词连写规则

分词连写，是汉语盲文独有的重要规则。要研究汉语盲文，必须研究分词连写规则；要掌握汉语盲文，也必须熟练地掌握分词连写规则。

一、分词连写及其基本原则

什么是分词连写呢？所谓分词，即是把一个一个的词分开来写；所谓连写，即是按照盲文的特殊性，避免音节结构过于松散，便于摸读。将一些词连起来写。①

---

① 滕伟民，李伟洪：《中国盲文》，第 68 页。北京：华夏出版社，2004 年。

分词连写，是为了更加准确清晰地表达语意，使盲人文字更加精密化、科学化的一种方法。

众所周知，盲文不同于明眼人用的汉字。首先，盲文是一种触摸文字。盲人通过指腹触摸，感知文字的读音，同时理解文字的含义。其次，盲文是一种特殊形式的拼音文字，盲人凭借指腹触觉摸读盲符，有符形表象传入大脑，形成文字的读音和词义的概念。再次，盲人特有的摸读心理和摸读习惯，制约着他们不能像明眼人阅读时那样，一目十行，而只能是一个盲符一个盲符地感知和摸读，不然，他们不仅不知所云，而且疲惫不堪。这三者决定了汉语盲文必须讲究和实行分词连写。

分词连写是汉语方块字走向拼音化过程中必须要解决的一个重大课题。虽然，我国文字拼音化的历史，追溯其渊源可以到四百多年前（明代，1605年意大利传教士利马窦来中国后，曾用拉丁字母给汉字注音），但是，至今还没有形成一套法定的拼音文字。自然，也没有形成一套规范的分词连写法。盲人使用的文字则不然，它已经突破了汉字的束缚，在20世纪30年代《北方拉丁化新文字》的基础上，逐步建立了比较周密的分词写法规则，成为比较完善的拼音文字。

分词连写，由一种文字处理方法上升为一套规范的规则，经历了一个漫长的过程，浸透着许多语言文字学家的精力和心血。1953年开始在全国推广的由黄乃先生主持设计的现行盲文，第一个采用了分词连写法，这是一大创举，但并没有上升为规则。1958年，周有光等语言文字学家提出了《词儿连写基本规则初稿》，为汉语盲文分词连写的科学化、规范化奠定了良好基础。继后，1965年，中国盲人聋哑人协会编写出了《汉语拼音盲字方案及其分词连写规则》，但一直未能面世。1981年，盲文出版工作者叶耀增主笔，在参考上述资料的基础上，结合盲文出版的实践经验，拟出了《盲文分词连写基本规则（讨论稿）》，征求了北京、上海、天津、江西等盲校教育工作者、盲文出版工作者以及有关专家的意见后，再次修订，并于1983年作为暂行规则付诸使用。至此，盲文分词连写规则的基本模式已经形成。1988年，原国家教育委员会、国家语言文字工作委员会联合颁布施行的《汉语拼音正词法基本规则》，为盲文分词连写规则的进一步完善提供了条件。1991年12月，中国残疾人联合会、中国盲人协会、中国盲文书社、上海市盲人学校联合组织盲文出版工作者及有关专家，总结若干年来汉语盲文分词连写的实践经验，参照《汉语拼音正词法基本规则》，重新整理、编写了《汉语盲文分词连写规则》。1993年12月在北京召开了审定会议，最终审定了《汉语盲文分词连写规则》。这是一套较为缜密完善的分词连写规则，它的使用必将为汉语盲文日臻完善发挥重要作用。

分词连写在汉语盲文中的作用是什么呢？一言以蔽之，就是要使文字更加准确而清晰地表达思想内容。分词连写的正确与否，关系到思想内容能否准确地表达和理解。读者摸读的心理过程、大脑思维的运动以及思想内容的表达和理解过程，归结为一句话，就是逻辑的展开过程，这三者有机结合，三位一体，相互作用而共同统一完成的。因此，分词连写在外在形式上，词形既不能过长，又不能太散，这是基本规律。词形过长，则缺少间隙，触觉连续受刺激的时间较长，容易产生疲劳，影响摸读效果；词形太散，又不便于迅速形成概念，影响摸读速度。由此可见，科学、规范、实用的分词连写，对学习和掌握汉语盲文是何等重要。

分词连写的基本原则：

第一，要符合汉语语法；

第二，要符合语言的逻辑性和习惯性；

第三，在一定程度上还要考虑音节长短适度，适当地减少一些零散的音词。

上述三项基本原则是相互联系、相互渗透的统一体，其中第二条起主要作用。几十年来，分词连写的实践表明，这三条原则符合汉语盲文的客观规律，是行之有效的。

二、分词连写的细则[①]

（一）拼写普通话基本上以词为书写单位，一个词的各个词素和音节连写在一起

例如：

手 跳 坏 红 你 很 最 从 和 敌人 漂亮 看见 但是 重视 哪里 非常 既然 所以 胆大 聚会 电视机 迪斯科 展览馆

（二）几个多音节词组成的固定词组，表示国名、社会单位和书刊等的专名概念，按词分写

例如：

中华 人民 共和国　　中国 人民 政治 协商 会议

《特殊　教育　辞典》

（三）表示一个整体概念的双音节和三音节结构，已经词化的（取得了词的资格）连写

例如：

---

① 滕伟民，李伟洪：《中国盲文》，第 71~72 页。北京：华夏出版社，2004 年。

说话　心想　脸红　钢铁　动静　全国　大会　爱国　浇花　看来　打破　胡说

暗地里　巴不得　对不起　吃不消　大后方　爱牙日

（四）4个音节以上，表示一个整体概念的名称，按词（或语节）分写；不能按词（或语节）划分的，全部连写

例如：

无缝　钢管　雇佣　关系　晶体管　功率　放大器
大肠　杆菌　外交　部长　养殖　模范　民营　企业
城市　发展　规划　研究生院　红十字会　古生物学家

（五）为了便于摸读和理解，使词意迅速形成概念，将一部分音节较少，在意义上结合得较为紧密的短词连写在一起，以减少一些零散的单音形式

例如：

沪宁线　大红花　新中国　英语书店　不错　很快

第五节　各类词和词组的写法[①]

一、名词的写法

（一）名词跟单音节前加成分（副、总、非、反、超、老、阿、可、无等），不论是一个或是两个，都连写

例如：

总工程师　副总经理　非金属　反弹道　导弹
超音速　阿哥　老兄　可见光　无籽瓜

（二）名词跟后加成分（子、儿、头、性、者、化、员、家、手、们、论、制、法、主义、分子、阶级等）连写

例如：

椅子　鸟儿　馒头　主观性　组织者　观察员　考古学家
拖拉机手　现代化　同学们　唯心论　责任制　辩证法
共产主义　骨干分子　资产阶级

（三）词组后面的后加成分跟最后的词连写；动宾词组后面的后加成分要单独分写

例如：

哥哥　姐姐们　科学　工作者　组织　纪律性

[①] 滕伟民，李伟洪：《中国盲文》，第72~90页。北京：华夏出版社，2004年。

社会　保障法　　生产　责任制　　出席　会议　者
初学　写作　者

（四）单音节名词重叠式连写

例如：

人人　夜夜　时时　事事

（五）专有名词的处理

1.汉语姓和名连写;笔名、别名等同样处理

例如：

钱进　诸葛亮　马克思　鲁迅　欧阳奋强

2.单姓跟称呼、职务、连写;姓前后加有"老""小"等表示尊称或亲称，也连写

例如：

李同志　张先生　田处长　赵老　老雷　小蒋

3.名字跟单音节称呼连写;跟双音节称呼分写

例如：

运来兄　阿庆嫂　　燕子　表弟

4.已经专名化的称呼连写

例如：

孟子　包公　貂婵　孟尝君

5.汉语地名中的专名跟单音节普通名词连写,跟多音节普通名词分写

例如：

大西洋　阿尔卑斯山　鸭绿江　淮河　微山湖　王家
江苏省　上海市　中国人　黄梅戏　哈密瓜
东北　平原　　台湾　海峡　　青藏　高原
澎湖　列岛　　长江　三角洲　　青岛　啤酒

6.几个并列的单音节专名,跟单音节通名连写,跟多音节通名分写

例如：

京沪路　京九线　宝成　铁路　云贵　高原
鄂鲁豫　地区　　晋察冀　根据地

7.专名前的附加成分,如是单音节的,跟专名连写;如是双音节的,则跟单音节专名连写,跟多音节专名分写;专名跟通名之间插入的附加成分,跟专名分写,跟通名连写

例如：

北大西洋　东欧　北美洲　东南亚
南北　美洲　　四川　东路　　景山　后街

水西门　大街　　新街口　东大街

(六)方位词的处理

1.附在名词后面的单纯方位词,跟单音节名词连写,跟双音节名词分写;名词前面有数量词修饰语的,方位词也分写

例如：

山下　　天上　　地上　　树下　　校外　　国际　上
教室　里　　人世间　　一个月　内　　每堂　课　上

2.合成方位词本身的音节组成部分都应连写

例如：

以后　之前　里边　下面　上头　内外　旁边　左右
之前　上上下下　里里外外　前前后后

3.名词跟附在后面的合成方位词分写

例如：

校　内外　　屋　东头　　村　里头　　朋友　之间
海洋　之中　　汽车　前后

二、代词的写法

(一)合成的人称代词、指示代词、疑问代词的音节组成部分应连写在一起

例如：

你们　大家　别人　自己　那里　这儿　那样　那么　几时
那么样　那会儿　咋样　为什么　怎么样　什么样　多会儿

(二)指示代词"这""那""每""某""各""该""本"以及疑问代词"哪""几"等,跟单音节名词或量词连写

例如：

每天　某人　各国　这山　该厂　本班　那种
这个　每年　哪块　那班　几斤

(三)指示代词和疑问代词跟数量词组分写

例如：

这　一天　　每　一月　　某　两个　　哪　三位

(四)人称代词"我""你""他"跟单音节名词连写

例如：

我省　你市　他乡　别处　你爸　我妈

三、动词的写法

（一）单音节动词重叠式连写；中间插入"一"和"了"也连写

例如：

瞧瞧　尝尝　瞧一瞧　走一走　闻一闻　说了说

（二）双音节动词，"甲甲乙乙"重叠式连写，"甲乙甲乙"重叠式分写

例如：

打打闹闹　唱唱跳跳　调查 调查　考虑 考虑

（三）动词跟时态助词"着""了""过"连写；如果出现两个以上的动词，则时态助词跟最后一个动词连写

例如：

讨论着　整理了　考虑过　参观了　访问了

（四）重叠式动词之间插入否定副词"不"，不论是单音节重叠式还是双音节不完全重叠式（即双音节动词只重叠前一个音节）连写；双音节重叠式动词，"不"跟后面的动词连写

例如：

去不去　说不说　熟不熟悉　了不了解

决定 不决定　考虑 不考虑

（五）出现在动词前面失去数量意义的"一"跟动词连写

例如：

一眨　一眨　一动　不动

（六）动词跟宾语分写

例如：

看 报　吃 肉　栽 花　打 电脑　整理 材料

（七）动宾式合成词中间插入其他成分的,分写

例如：

敬了 礼　结了 婚　回了 两次 家

讲了 很多 道理　洗了 一个 热水澡

（八）"成""为""做"跟单音节动词组成合成词,连写；跟双音节动词分写

例如：

打成 一片　化为 灰烬　当做 玩笑

打造 成 精品　变成 为 小事情

（九）后补式双音节动词连写；中间插入"得"或"不"也连写

例如：

听见　　看懂　　提高　　听得见　　看得懂　　抓得准
说不清　　学不会　　做不到

（十）动词加"得"表示可能结果，连写；中间插入"不"也连写

例如：

说得　　看得　　打扫得　　说不得　　看不得　　计算不得

（十一）有些名词或形容词加上后加成分"化"，转化为动词，连写

例如：

词化　量化　碱化　美化　绿化　自动化　电气化　尖锐化

（十二）动词跟后面的数量词分写；已经词化的连写

例如：

说　一下　　吃　两块　　议论　一番　　带　点　东西
做　些　评论　　有些　事　　有点　不好意思

（十三）动词跟表示时间的方位词分写；已经词化的连写

例如：

走　后　　去　前

（比较）他　生前　为　国家　做出了　很大　的　贡献。

（十四）能愿动词跟动词分写；表示心理活动的动词跟动词也分写

例如：

能　讲　　会　说　　敢　做　　爱　玩　　想　听

（十五）趋向动词的处理

1.单音节动词跟复杂趋向动词或是双音节动词跟单纯趋向动词，都连写

例如：

举起　放下　呈现出　估计到　走过去　跑进来

2.动词跟单纯趋向动词之间插入"得"或"不"，都连写

例如：

看得起　　放得下　　稳得住　　考虑得到
看不起　　放不下　　站不住　　估计不到

3.双音节动词跟复杂趋向动词分写；动词带有助词的，跟复杂趋向动词也分写

例如：

壮大　起来　　研究　出来　　笑了　起来　　闯得　过去

4.动词和趋向动词之间插入"不"，动词为双音节、趋向动词为单音节，或者动词为单音节、趋向动词为双音节，都连写；动词和趋向动词都是双音节的，则分写，"不"跟趋向动词连写

例如：

说不过去　站不起来　归纳不出　生产　不出来

5.动词跟趋向动词之间插入了宾语,分写

例如:

抬起　脚　来　　冲进　门　去

四、介词的写法

(一)介词一般跟其他词都分写

例如:

把　窗户　打开　　被　雨　淋湿　了　　为　群众　着想

从　现在　起　　向　终点　跑去

关于　工资　改革　的　问题

(二)介词"在""到""给""于"出现在动词后面,跟单音节动词连写,跟双音节动词分写

例如:

我们　站在　海边　看　日出　　学生　走到　这边　来

父亲　生于　上海　　把　信心　留给　自己

全国　人民　紧密　团结　在　党中央　周围

中国　由　新民主主义　社会　过渡　到　社会主义　社会

他　将　毕生　的　精力　贡献　给　祖国　的　航天　事业

马克思　诞生　于　1818年

(注意:"估计到""认识到""考虑到""有利于""有害于""有待于"等是合成词,不应分写。)

(三)介词"向""往""朝"跟单音节方位词结合成介宾词组,连写;如果介词出现在动词后面,介词跟动词连写,跟方位词分写

例如:

向前　看　　往北　走　　这　房间　朝南

火车　开往　杭州　　我们　一起　奔向　新世纪

(四)由两组相对称的介宾词组组合的四字格,连写;中间插有"而"字的同样处理

例如:

从古到今　由南向北　自始至终　由浅入深　由内而外

(五)介词"被"跟某些名词、动词组成的合成词,连写

例如:

被选举权　被统治阶级　被除数　被剥削阶级　被控制

五、形容词的写法

（一）形容词重叠式，不论是完全重叠还是不完全重叠，都连写；重叠式形容词后面带有"儿"字的，也连写

例如：

厚厚　小小　慢慢　重重　漂漂亮亮　安安静静

糊里糊涂　怪里怪气　好好儿（的）

（二）形容词重叠式中间插入否定副词"不"，不论是单音节重叠式还是双音节不完全重叠式，都连写；双音节完全重叠式中间插入的"不"，跟前面的词分写，跟后面的词连写

例如：

多不多　大不大　清不清楚　热不热闹

好看　不好看　　干净　不干净

（三）形容词跟时态助词"着""了""过"连写

例如：

小了　一点　　慢了　一步　　热闹着　呢　　没有　红过　脸

（四）单音节形容词跟复杂趋向动词连写；双音节形容词和带有助词的形容词，跟复杂趋向动词分写

例如：

亮起来　　热火　起来　　静了　下来　　热闹　起来

（五）形容词和趋向动词之间插入"不"，形容词为单音节、趋向动词为双音节，都连写；形容词和趋向动词都是双音节的，"不"跟形容词分写，跟趋向动词连写

例如：

热不起来　　安静　不起来

（六）形容词跟表示程度的补语"极了"连写

例如：

好极了　　痛快极了

（七）程度补语"点""些""点儿"跟单音节形容词连写，跟双音节形容词分写；形容词和补语之间插入其他词的，形容词跟补语也分写

例如：

快些　　慢点　　差点儿　　细小　些　　紧张　点

粗了　点　　长　一些

（八）单音节形容词跟重叠的前加成分或后加成分都连写

例如：

黑黢黢　亮闪闪　绿油油

六、副词写法

（一）双音节副词的音节组成部分应连写在一起

例如：

马上　将要　即将　必要　偏要　非要　总得

必得　就得　未曾　未尝　无从

（二）副词"相"跟单音节动词连写；跟双音节动词分写

例如：

相见　相应　相符　相适应　相协调　相碰撞

（三）副词修饰动词不连写，已经词化的就连写

例如：

都来　只说　才走　就去　也有

全要　真是　却是　才是　尚未

也是　越是　愈是　就是　便是　都是　只是

倒是　正是　还有　特有　还是　乃是　总是

就要　还要　最为　并没　并无　并未　从未

并没有　极为　尤为　大为　更为

（四）有些副词前后关联呼应，把词或词组甚至分句连系起来，这些副词都单独写

例如：

一看就懂　边说边想

才来就走　越软越大

（五）否定副词"不"的处理

1."不"跟某些名词组成复合词，连写

例如：

不日　不时　不法

2."不"跟某些数量词连写

例如：

不一　不几天　不一会儿

3."不"跟动词、能愿动词、形容词、介词、单音节程度副词都连写

例如：

不想　不愿　不生产　不壮观　不把　不被

不很　不太

4.由"不"跟其他副词组成的词组已经词化的，连写

例如：
并不　并不是　可不　可不是　要不　要不是
决不　决不是　从不　从不是　毫不　永不
无不　好不　莫不　莫不是

（注意：上述词出现在能愿动词前，则"不"跟前面的副词分写，跟能愿动词连写。例如：并　愿　　决　不会）

5.由"不"组成的双重否定形式，连写；如果双重否定形式修饰单个的词，分两段写，后面的"不"跟被修饰的词连写

例如：
不得不　让　人　赞叹　　不能不　调整　计划
不得　不做　　不能　不来　　不可　不参加

6.从反面表达肯定意思的时候，"不"跟其他的词分写

例如：
这　不　明白了　吗？　　那本　书　不　在　那　吗？

7."不"跟代词、成语、联合词组或分写的词组不连写

例如：
不　这样　做　　不　聚精会神　地　听
不　调查　研究　不行　　不　亲自　实践　也　不行
不　了解　清楚　就　不能　解决　问题

七、连词的写法

连词的分词连写处理较为简单，跟其他词或词组一律分写；其本身的音节组成部分必须连写在一起。一些双音节的连词，如果将它们分写，词形就会发生变化。例如：

然而　如果　要是　或是　即使　假如
与其……毋宁　虽然……但是　只有……才

八、数词和量词的写法

（一）两个单音节的基数词组合成的合成数词连写

例如：
十三　五十　七百　六千　九万　四亿

（二）三个音节以上的数词词组也连写

例如：
三十三　一百四十　三千二百　二万五千四百三十六

（三）分数的写法："分"跟前面的数词连写，"之"单独写

例如：

千分 之 二十　　百他 之 一

四分 之 三　　千分 之 一百零三

（四）小数的写法：整数跟"点"、小数都连写

例如：

零点二五　一点八六　二十点三

（五）表示十分之一的"成"、百分之一的"分"、千分之一的"厘"以及表示倍数的"倍"跟数词都连写

例如：

四成　五分　六厘　三倍

（六）表示序数的前加成分"第""头""初"等跟数词连写

例如：

第一　第十二　头五（名）　初七　初八

（七）基数词跟单音节量词（或单音节名词）、多音节量词连写，跟量词词组分写

例如：

三辆　四位　一公里　十五周年　九平方米

二十 平方 公里

（八）合成数词和数词词组跟单音节量词（或单音节名词）连写，跟双音节量词或量词词组分写

例如：

八十吨　三万人　一千三百二十个　六十 公里

一百 周年　十二 立方 厘米

（九）阿拉伯数词跟单音节量词（或单音节名词）连写，中间加连号（如数词跟量词不易发生混淆的，可以不加）

例如：

12-月　4-日　20-个　60-人　1997年

（十）四个音节以内的合成量词连写，跟多音节数词分写

例如：

二十 人次　二十四 架次　八十 吨公里

五十 秒立方米（"50米^3/秒"的读法）

（十一）概数的写法

1.表示不定数的两个数词组成的约数词组连写，跟单音节量词或名词也连写

例如：

亿万年　千百个　七八位　三四十人

2.表示不定数的"几",跟数词连写;插在数词和单音节量词或名词中间的,也连写

例如:

几十　几万　几年　几天　五十几　八十几岁

3.表示不定数的"多""余",出现在数词、单音节量词或名词之后,连写;插在数量词组中间也连写

例如:

七十多　五年多　三十余年　八十多人　一百多米

4.数量词组跟后面的名词分写

例如:

一百多吨　水　　两个多　星期

5.表示不定数的"来",插在数量词组中间,连写;出现在数量词组之后,跟量词连写,跟后面的名词分写

例如:

九十来岁　百来块　两个来　月

6.表示概数的"把",插在数量词组中间,连写;"把"后面是单音节名词,也连写

例如:

百把个　千把条　万把字

7.由量词和"把"组成的词组,跟后面的名词分写

例如:

个把　星期　　块把　钱

8.表示不定数的"若干""许多""多少"等,跟量词或名词分写

例如:

许多　个　　若干　年　　多少　人

(十二)数量词后面跟有"半"或基数词,表示余量和尾数,都连写

例如:

三年半　斤半　二两五

(十三)名量词重叠表示"每"的意思连写

例如:

个个　条条　颗颗　粒粒

九、助词的写法

助词分为结构助词、时态助词和语气助词。

（一）结构助词的处理
1.结构助词"的""地"与其他词分写
例如：
我们　热爱　伟大　的　祖国。
商店　里　摆满了　吃　的、穿　的、用　的。
我们　在　大街　上　慢慢　地　散步。
2.作为补语标志的"得"与前面的词语连写，与后面的词语分写
例如：
写得　不错　　打扫得　干干净净
高兴得　不得了　　冷得　发抖
3.结构助词"之"跟其他词语分写
例如：
教职工　之　家　　最　发达　地区　之　一
4."所"与其修饰的及物动词分写
例如：
所　做　的　事情　　所　关心　的　问题
5.由"所"构成的合成词连写
例如：
所谓　所说　所得　所在　所致　所有制　所在地
（二）时态助词"着""了""过"跟动词、形容词、连写。前面在讲动词和形容词的处理时,已经叙述过,此处不再赘述。
（三）语气助词的处理
1.语气助词在句末出现,分写
例如：
他　去　吗？　你　怎么　还　不来　呢？
那　只是　说说　罢了！
2."了""的"出现在句末做语气助词,也分写
例如：
她　转身　走　了　　天　快　放亮　了
蓖麻籽　的　用处　可　大　了
这事　我　不会　计较　的　　小李　是　送货　的
这辆　小汽车　是　首长　的　　劳动　人民　是　伟大　的
3.表示停顿语气的助词"者"跟其他词语分写
例如：
望　者,看　形色　也;闻　者,听　声音　也;

问 者,访 病情 也;切 者,诊 六脉 也。

十、叹词的写法

（一）表示应答或感叹的词都要单独写；其本身的音节组成部分要连写。在歌词中出现的一连串叹词,要按其韵律和节律连写或分写

例如：

啊！太美 了。　　哎呀！你 怎么 搞 的。

哈哈,这 准 是 他 在 搞鬼 呢！　　啊哈 呵呢哪

（二）模拟声音的叹词（拟声词）,两个或三个音节的都连写；四个音节的,如果是"甲甲乙乙"重叠式或"甲乙丙丁"排列式的,也连写；"甲乙甲乙"重叠式,就分写

例如：

轰隆隆　扑通　稀里哗啦　叽叽喳喳　叽里咕噜

吧嗒 吧嗒　哗啦 哗啦　嘀嗒 嘀嗒

十一、联合词组的写法

（一）5个以内并列的单音节名词、方位词连写

例如：

父子　军民　工农兵　柴米油盐　党政工团

农林牧副渔　东西南北中

（二）4个以内并列的常见的单音节专名连写

例如：

中日　友好　条约　德美意　三国　明清　小说

明清　两代　江浙　两省

（三）4个并列的单音节动词连写

例如：

吵闹　说笑　来去　读写　摸爬滚打　吃喝玩乐

（四）4个以内并列的单音节形容词连写

例如：

冷暖　新旧　好坏　轻重　酸甜苦辣　多快好省

十二、偏正词组的写法

（一）单音名词修饰单音名词、单音名词修饰多音名词以及多音名词修饰单音名词,都连写

例如：

人脑　树皮　茶花　身高　体态　皮手套
女售票员　解放军　哲学书　机器人　血吸虫病　扁桃体炎

（二）单音名词修饰多音名词组成的词组，都分写

例如：

女　技术　人员　　男　幼儿　教师

（三）多音名词修饰单音名词表示领属关系的，分写

例如：

黄河　水　　奶奶　家

（四）两个以上并列的多音词修饰单音名词，分写；单音名词跟后面的词连写

例如：

组织　人事　部　　五金　橡胶　厂　　调查　分析　法

（五）由单音词组成的偏正词组修饰单音名词，连写；修饰多音名词，分写

例如：

红烧肉　　糖醋鱼　　酱焖　牛肉　　清蒸　螃蟹

（六）由多音词组成的偏正词组修饰单音名词，分写；单音名词跟后面的词连写

例如：

中国　电视报　　盲文　出版社　　八小时　工作制

（七）由单音词组成的主谓词组修饰单音名词，连写；修饰多音名词，分写

例如：

医用棉　　水浇地　　水煮肉　　油焖鸭　　胃痛病　　肾虚者
醋熘　白菜　　油炸　薯条　　天晴　日子　　风湿　病人

（八）由多音词组成的主谓词组修饰单音名词，分写；单音名词跟后面的词连写

例如：

盲文　印刷厂　　风景　游览区　　成绩　佼佼者
贡献　突出者　　工农业　示范区　　残疾人　保障法
腰椎间盘　突出症

（九）单音名词修饰由单音形容词和双音名词组成的偏正词组，表示生理解剖学方面的某些专用术语，连写

例如：

拇长伸肌　　颞浅动脉　　耳大神经　　腓总神经

（十）有些以中药名组成的词组，修饰单音节的"丸""散""膏""丹""汤"等，不便于分写的就连写

例如：
香沙六君子汤　　六味地黄丸　　防风通圣散

（十一）方位词修饰名词，连写

例如：
左臂　　上身　　前额　　右大腿　　左右眼　　左前轮　　右下角

（十二）单纯方位词修饰单音形容词，连写

例如：
外寒　　里热

（十三）双音动词修饰单音名词或是单音动词修饰双音名词，都连写

例如：
骑车人　　招聘处　　结合部　　混合品　　汇合点
蒸馒头　　烤鸡翅　　切肉丝

（十四）动宾词组修饰单音名词，连写

例如：
发言人　　扳道工　　售票处　　通风口　　洗碗机
绞肉机　　推颈项法　　榨油机

（十五）两个并列的单音形容词修饰单音名词，连写

例如：
老棉袄　　黑白片　　红绿灯

（十六）两个形容词组成的偏正词组，连写

例如：
大喜　　大悲　　大好　　多大　　多轻　　多重

（十七）单音形容词修饰单音名词、单音形容词修饰多音名词或是多音形容词修饰单音名词，都连写

例如：
好人　　好事　　红花　　绿草　　新时代　　大平原
小手工业者　　漂亮活儿　　机灵人　　阴凉处

（十八）单音形容词修饰由多音词组成的词组，分写

例如：
新　消费　观念　　大　百货　公司　　小　电动　自行车

（十九）单音动词修饰单音动词，连写

例如：
托管　　留有　　装有　　进住　　免征　　代收　　代办

（二十）单音形容词修饰单音动词，连写；如果动词后带有时态助词的，也连写；动词后出现的介词，分写

例如：
好写　难办　常见　少见　大喊　大叫　高举　生吃
紧跟着　快跑了　高挂　在

（二十一）有的单音能愿动词和副词,跟单音动词组成偏正词组充当修饰语时,已经词化的,连写

例如：
应尽　义务　应有　价值　应付　款项　特定　情况
特派　记者　特有　风情　现有　职员　已有　差距

（二十二）数量词组中间插入单音形容词,如数词和量词（或名词）都是单音的,连写；否则就分写

例如：
一整套　一大段　四大件　五大洲　四大洋

（二十三）"前""后""上""下""头"修饰由单音数词和量词（或名词）组成的词组,连写

例如：
前半年　后半周　上半天　头半天　头几年　上一回
后一次　前三个　月　（比较）离开　北京　前　一天

（二十四）单音程度副词修饰单音形容词,连写

例如：
最棒　很好　更美　较快　极差

十三、动宾词组的写法

（一）动词充当谓语动词时,动词跟宾语分写

例如：
我　和　妈妈　吃　饭。　你　擦　黑板。
老李　种　菜。　小猫　钓　鱼。
肝　主　目,肾　生　髓。

（二）单音动词和单音名词组成的动宾词组,已经词化的,连写

例如：
说话　喜人　气人　迷人　滑雪　上山
下乡　爬山　跳水

（三）单音动词和单音名词组成的动宾词组,充当主语、宾语和定语时,都连写

例如：
读书、看报　能　增长　知识。

全校 师生员工 积极 参加了 植树、造林。
老赵 是 种粮 大户,小张 是 养猪 模范。

(四)单音动词和单音名词组成的动宾词组,作为医学用语表示一个概念,连写

例如:
明目 清心 开胃 健脾 舒经 活络 祛邪 解毒

(五)由动词"为"和单音名词组成的动宾词组,已名词化的,连写

例如:
为人 为师 为父 为娘 为时 为夫 为妻
(比较)为 人 师表   为 人民 服务

十四、主谓词组的写法

(一)主语和谓语一般应分写

例如:
雨 停 云 散 天 晴 了。 他 来 我 就 走。
你 人 好 心 善。 莫愁湖 风景 秀丽。

(二)由单音名词和单音动词或形容词组成的主谓词组,充当主语、宾语和定语时,连写

例如:
天旱 是 农业 歉收的 一个 重要 原因。
("天旱"做主语)
侵略者 的 屠杀 手段 是 极其 毒辣、残忍 的,有 刀砍、枪击、绳勒、火烧 等。
("刀砍""枪击""绳勒""火烧"做宾语)
这里 很多 学校 都 有 自己 的 校办 企业。
("校办"是定语)

(三)三个音节以内的主谓词组,作为一种病症的名称时,连写

例如:
偏头痛 神经炎 腰扭伤 肺气肿 胃下垂 心绞痛

(四)单音名词和单音动词或形容词组成的主谓词组,表示某种症状时连写;如果谓语是词组,就分写

例如:
口干 舌燥 苔白 脉弦 痰多 尿频 尿急 脉 细数
苔 白而腻 腰 酸痛 四肢 麻木 胃 痉挛

(五)单音名词和单音动词或形容词组合的主谓词组,已经词化的,连写

例如：
神清　气顺　眼红　　水洗　火烧　火烫　话说　心想

十五、述补词组的写法

（一）单音述语（包括动词或形容词）跟双音补语或是双音述语跟单音补语，都连写；述语和补语之间插入"不"，也连写

例如：
擦干净　弄清楚　准备妥　整理好　理不清楚　准备不好

（二）述语和补语都是双音节的，中间插入"不"，"不"跟述语分写，跟补语连写

例如：
清洗　不彻底　　考虑　不周全　　安排　不妥当

十六、成语的写法

（一）四言（音节）以外的成语按词分写

例如：
抓辫子　碰钉子　树倒　猢狲　散　冒　天下　之　大不韪
迅雷　不及　掩耳　莫须有　牛头　不对　马嘴

（二）四言成语中，有一个副词能独立分写的，就按词分写

例如：
对　牛　弹琴　　愚公　移山　　肆　无　忌惮
危　在　旦夕　　重　于　泰山　　自　以　为　是
各　有　千秋　　毛遂　自荐　　夜郎　自大　　顾全　大局
坚定　不移　　横扫　千军　　震撼　人心　　自力　更生
中流　砥柱　　后起　之　秀　　百花　齐　放
锦上　添　花　　当局者　迷　　旁观者　清
摆　龙门阵　　作　壁上观

（三）四言成语为联合式的并列式、主谓加主谓、动宾加动宾、偏正加偏正、连动式、兼语式以及其他四言独立形式的成语，一律连写，中间不加连号

例如：
五颜六色　　舍生取义　　风花雪月　　物换星移　　手舞足蹈
惊天动地　　指鹿为马　　穷则思变　　养精蓄锐　　和风细雨
左顾右盼　　万紫千红　　刻舟求剑　　打草惊蛇　　请君入瓮
见风使舵　　言而无信　　宁死不屈　　因祸得福　　自然而然
手不释卷　　情不自禁　　奋不顾身　　以身作则　　以貌取人

总而言之　　惩前毖后　　开源节流　　发号施令　　光明磊落

十七、略语的写法

略语应当连写在一起,作为一个词处理。其组成形式大致有下列三种。

（一）取词组两个词的词头

例如：

中共　　人大　　政协　　文教　　科技　　文联　　科协

（二）两个或三个并列的修饰语共有一个中心语

例如：

指战员　　海陆空军　　大中小学　　教职工　　工农业

（三）用数字概说并列的几项

例如：

五爱　　四害　　三讲

十八、古汉语

古代汉语的词基本都是单音节的,复音词很少。其分词连写方法,可参照本规则办法处理,每个字都应标调（常用的虚词除外）,以便于理解。

例如：

南　其　辕　而　北　其　辙

知　己　知　彼,百战　不殆

思考题

1.什么是"分词连写"？

2.汉语盲文为什么要采用分词连写法？

3.分词连写应遵循那些基本原则？

4.试给下面的短文分词并翻译成盲文。

一阵微风吹过,只见从地平线上漫过来一片轻雾,雾迅速地重起来,厚起来。又见小小的白羽毛,像吹落的花瓣那样飞了下来,先还零零落落,跟着就一团一团地飞舞。花片越来越大。一朵朵一团团的,轻轻地横飞过来,无声地落在衣衫上,落在头巾、帽子上,沾在眉毛上。空中已经望不见什么了,只有无数扯碎了的棉花团在浮动。

~·~·~·~·~·~·~·~·~·~

　　早晨,森林里散发出阵阵清香。树缝中间透进来的阳光,织成了无数条五颜六色的光带。一只只小松鼠,从这棵树跳到那棵树。树上的露水沙沙地落下来。枝头上几只黄莺叫得那么脆、那么响。

~·~·~·~·~·~·~·~·~·~

　　天,那么高,那么蓝。蓝蓝的天上飘着几朵白云。
　　天底下是一眼望不到边的稻田。稻子熟了,黄澄澄的像铺了一地金子。
　　稻田旁边有个池塘。池塘的边上有棵梧桐树。一片一片的黄叶从树上落下来。有的落到水里,小鱼游过去,藏在底下,把它当做伞。有的落在岸边,蚂蚁爬上去,来回跑着,把它当做运动场。
　　稻田那边飞来两只燕子,看见树叶往下落,一边飞一边叫,好像在说:"电报来了,催我们赶快到南方去呢!"

　　5.给下面的短文分词,并译写成盲文。

乌鸦喝水

　　一只乌鸦口渴了,到处找水喝。
　　乌鸦看见一个瓶子,瓶子里有水。可是,瓶子里的水不多,瓶口又小,乌鸦喝不着水。怎么办呢?
　　乌鸦看见旁边有许多小石子。它想出办法来了。
　　乌鸦把小石子一个一个地衔来,放到瓶子里。瓶子里的水慢慢升高了,乌鸦就喝着水了。

~·~·~·~·~·~·~·~·~·~

春天来了

　　冬天过去了,微风悄悄地送来了春天。
　　地里的泥土化冻了,变松了,踩上去软绵绵的,像踩着厚厚的地毯。麦苗醒来了,舒展着嫩绿的叶子。
　　小河里连一片薄冰也找不到了。水慢慢地流着。微风吹来,水面泛起鱼鳞似的波纹。几只鸭子跳进水里,快活地游来游去。

河岸上，柳树发芽了，柔软的枝条随着微风轻轻地摆动。一只青蛙从洞里钻出来，在河边慢慢地爬着。

春天来了。它来到教室里，静静地听小学生读书、唱歌。它来到操场上，欢乐地和小学生一起游戏。

~·~·~·~·~·~·~·~

长城

远看长城，它像一条长龙，在崇山峻岭之间蜿蜒盘旋。它号称万里，从东头的山海关到西头的嘉峪关，有一万二千多里。飞往月球的宇航员所拍摄的地球照片上，能清晰地看到我国的长城。

从北京出发，不过几十公里就来到长城脚下。这一段长城修筑在八达岭上，高大坚固，是巨大的条石和城砖筑成的。城墙顶上铺着方砖，十分平整，像很宽的马路，五六匹马可以并行。城墙外侧有两米多高的垛口，垛口上面有瞭望口，下面有射口，是瞭望和射击用的。城墙顶上每隔三百多米，就有一座方形的城台。打仗的时候，城台之间可以互相呼应。

站在长城上，踏着脚下的方砖，扶着墙上的条石，很自然地想起古代修筑长城的劳动人民来。单看这数不清的条石，一块有两三千斤重，那时候没有火车、汽车，没有起重机，就靠着无数的肩膀无数的手，一步一步地抬上这陡峭的山岭。多少劳动人民的血汗和智慧，才凝结成这前不见头，后不见尾的万里长城。

这样气魄雄伟的工程，在世界历史上是个伟大的奇迹。

第三章 汉语盲文的简写

布莱尔发明的六点制盲文神奇地将视觉阅读符号转换成了触觉符号,使盲人的阅读和书写成为了现实。但是,由于受到触觉灵敏性的限制,盲文也有明显的劣势。盲文的最小单位(方)占4毫米宽6毫米高的面积,一个字往往还需要几方组成,这就使得盲文比普通印刷字占的篇幅大,每页相当于A4纸大小的盲文表达的信息量只有大约620字,书写、阅读速度慢成为世界各种语言盲文的共同特点。因此,世界上许多语言的盲文都有简写方案。英语的二级简写方案已经很成熟,已有百年的历史。英语盲文的基本方案(没有简写的一级点字)反而没有实用地位。

新中国成立后,黄乃先生先后设计了"现行盲文"和"双拼盲文"两套汉语盲文方案,为汉语盲文建设做出了不朽的贡献。近年来,汉语盲文的研究焦点是"现行盲文"与"汉语双拼盲文方案"之争,简写方案是我国盲文研究的空白。

第一节 汉语盲文简写的意义与任务

一、汉语盲文简写的必要性

(一)提高盲文的阅读书写速度

由于触觉的感知速度比视觉慢,触觉阅读速度大大低于视觉阅读速度,用字板、字笔书写盲文,要逐个点写,速度更慢。盲人在相同时间内接受、表达的信息量显著小于明眼人,因此,盲文需要有少方、少点、完备的简写方案。通过对高频字、词、成语的简写,有希望比现行盲文节约方数,可以使盲人在阅读和书写实际速度不变的情况下,扩大盲人的信息量,节约时间。相对速度的提高可以改善盲文阅读速度、书写速度慢的劣势,使盲人在信息方面与明眼人更接近平等。

在印刷字中,汉语比英语占的篇幅小,而英语的实用盲文(二级简写)比汉语的实用盲文(没有简写)篇幅小。使用英语的盲人在阅读、书写速度方面无形之中比使用现行汉语盲文的人占优势。简写还自然而然地节约纸张,减小盲文书的体积。

(二)区分高频同音词

现行盲文没有重视声调这一语音要素,规定"需要时才标调",标调无客观准则，因人而异，所有同音的词（不论同调与否）都可以同形，只有"它""由"等极个别情况有特殊写法，可以与其他同音字相区别。例如：与"事实"同音的词有15个之多，它们可以有相同的盲文符形。当盲生读到"sh sh"（⠱⠱）时，他们无法准确地知道这是十几个词中的哪一个，只能靠上下文猜测。学生曾把"亡羊补牢"读做"汪洋捕捞"。同一个词，因作者标调与否，它又可能有不同的符形。据统计，在盲文出版物中，大约只有5%的音节标了调，依靠上下文猜测读音、词义便成了现行盲文的先天性缺陷。现行盲文在计算机技术下，只能实现汉语到盲文的转换，盲文到汉语的转换只有约80%的正确率，它的错误率远远高出可接受标准，没有实用价值。当然，这有计算机程序设计方面的原因，但是，主要是现行盲文本身的缺陷。目前无法设计出可行的程序，使盲文到汉语转换的误差控制在0.2%~0.3%的水平。

通过简写同音词中的高频词，可以提高整体简写效益，同时区别了高频词与其他词的盲文符形，对于多个同音词，还可以规定第二高频词、第三高频词的简写符形，有希望在常用字范围内，使同音词中的常用词与非常用词异形、不同的常用词异形，在常用词内达到区分同音词的目的。

二、汉语盲文简写的可行性

一方简写字的空间很小，纯一方符形只有63个，前后是否空方的组合变式有100多个。目前，已经有 zhi、chi、shi、ri、zi、ci、si 和全部的韵母、声调及部分标点符号使用了一方符形，可用于简写的空间十分有限，只能用于"的""了"等极常用词。

二方简写词的空间是很大的，二方盲文组合共有3969（63×63）个。除去约400个的汉语基本音节（不标调），除去缺陷符形、部分与汉语词语无法建立有意义联系的符形，二方简写词有逻辑的代表二字词语的可用空间应该有2000个以上。

多方简写词的空间更大。有些二字词语也可以用三方简写，三、四字词语可以只用各个字的声母，使用三、四方简写。如果采用机械记忆，多字成语也可以使用二方进行简写。

现行盲文没有充分利用儿童的语言记忆空间，字母表、声调、标点符号、特殊写法总记忆量不超过100个单位。由于它太简单，不可避免地因陋就简，形成一形多词、一词多形的缺陷。

规定1000个左右高频字、词、成语的简写，按顺序、分层次出现，对在校学生记忆量不集中。简写与全拼有内在的联系，可以帮助记忆，对成年盲人的记忆负担仍然不大。

三、简写对盲文的意义

（一）简写对盲文的普遍意义

由于触觉的感知速度显著比视觉慢,触觉不具有浏览功能,因此盲文的触觉阅读比明眼文的视觉阅读明显慢。由于手指触觉两点阈的限制,盲文点之间的距离不可能任意缩小。目前一方的面积约为 24 平方毫米,这几乎是盲文可用的最小字号,无法通过缩小每方的面积来减小触觉的感知量。

在当今的信息时代,盲人与其他人一样,也需要快速处理大量的信息。触觉的生理局限是刚性的,即使通过训练也不能超越触觉的固有规律。而盲文的方数是弹性的,不同语言的盲文方案也确实是不同的。汉语盲文目前只使用基本方案,没有成熟的简写体系。双拼盲文每字 2 方,平均每百字 579.83 个点。现行盲文一个字可能 1 方,多数 2 方,个别标调的 3 方,按 5% 的音节标调计算,百字点数约为 600 个。就是说,盲人要阅读 100 个汉字的信息,手指要划过大约 1 万多平方毫米的面积（包括标点符和空方号占的面积）,① 这中间包含约 580（或 600）个点,尽管手指不必每个点仔细辨认。用字版、字笔书写盲文,这 580（或 600）多个点一个不能少,每个点必须点一下。所以,尽管盲人写字时响声连成线,总体速度还是不快。据我国部分盲校的测查, 五年级学生阅读速度 120~160 音节/分钟, 书写速度 45~65 字母/分钟。② 美国学生盲文阅读速度平均比印刷品的阅读速度慢 2~3 倍,小学高年级学生的阅读平均速度为 90 字/分钟。③

假如英语盲文使用没有简写的基本方案,单词 knowledge 就占 9 方,长度达 54 毫米（包括方间距）,包含 27 个点。现在实际使用的英语二级点字中,knowledge 被简写为 1 方,用它的首字母 k 表示整个单词,只有 2 个点。所节约的阅读和书写工作量可见一斑,节约的纸张显而易见。在英语盲文有简写的情况下,阅读速度慢仍然是盲人获取间接经验的限制。④

如果经过大量的科学研究, 汉语盲文简写方案能够科学合理地减少盲文的方数,使盲文表达的信息量密度更大。如果基本方案的 100 方表达 50 个字的信息量,简写方案 100 方表达 60 个字的信息量,盲人实际阅读速度不变的情况下, 获得的信息量却提高了 20%。这样就相对提高了盲文的阅读、书写速度,使盲人在信息方面与普通人更接近平等。

---

① 钟经华：《简写是汉语盲文升级的必由之路》,《中国特殊教育》,第 37~41 页。2005,11。
② 沈家英,陈云英,彭霞光：《视觉障碍儿童的心理与教育》,第 180 页。北京：华夏出版社,1993 年。
③ Reynolds C. Fletcher-Janzen E.：*Concise Encyclopedia of Special Education*. Hoboken, John Wiley & Sons, Inc. 2002. 146.
④ 钟经华：《纪念"目盲对儿童认知活动的影响"发表五十周年》,《山东特教》,第 3~7 页。1998,4。

(二)简写对汉语盲文的特殊意义

1.区分同音词

无论哪种汉语盲文,都是表示汉语的读音,没有表示词义,没有表示汉字,同音词同形就成了汉语盲文特有的问题。现行盲文标调无客观准则,因人而异,所有同音的词(不论同调与否)都可能同形。双拼盲文字字标调,有了很大进步,但是还有同音同调词同形问题。对于单字词,同音同调、同音不同调的都很多,通过标调进行区分没有实质性的意义。

简写可以有效地区分同音词,尤其是高频同音词。例如:"终点"用 zhd 两方表示。"中点"在 zhd 前加第 5、6 点,用⣿⣿⣿三方表示,"重点"用⣿⣿⣿三方表示,"钟点"不简写,仍然是四方。通过简写 3 个同音词,自然而然地区分开了 4 个同音词。"终点"与"中点"同音同调,无法通过标调来区分。

由于不同的同音词所处的语境不同,有些同音词很容易通过上下文确定,有的则很困难。对于特别混淆的同音词,特别难猜的词,即便使用频率不很高,也给予简写,以减少盲文阅读的困难,提高盲文的准确性。

2.简写符形与固定的汉字对应

凡是被简写的词,它的简写符号与该词形成固定的对应关系。简写的盲文符号就是直接表示汉字的,进而表示词义,不再通过拼音做中介,尽管可能与该词语的拼音有某些联系。例如,规定在 sh 前加第 4 点表示"事实",任何其他发"shi shi"音的同音词都与⣿⣿没有关系,仅有"事实"一个词用⣿⣿表示。

简写符号直接表示汉字,声调也就固定了,因此简写符号即不存在读音猜谜,也不存在词义猜谜问题。没有解决好拼音文字和汉字之间的矛盾是现行盲文不能让黄乃先生释怀的缺陷之一。[①] 简写方案部分地解决了盲文符号直接表示汉字问题,尽管不是通过汉字的偏旁部首,不能揭示汉字的结构。这些有固定词义的符形在句子中就像固定的支点,对于理解无固定词义的非简写符形的词义也有帮助作用。在简写范围内解决了猜谜问题,总体上减少了阅读的停顿,阅读的连贯性有利于对文章的理解,理解的准确和迅速又从另一个方面加快了阅读速度。[②]

[①] 黄乃:《建设有中国特色的汉语盲文》,第 59 页。北京:中国社会出版社,1999 年。
[②] 朴永馨:《从语言学和心理学角度看盲文改革》,见黄乃《建设有中国特色的汉语盲文》,第 75~80 页。北京:中国社会出版社,1999 年。

四、汉语盲文简写的原则

1. 以现行盲文为基础的原则

尽管黄乃先生扬弃了现行盲文,它本身也确实有忽略声调的严重缺陷。目前,盲校和社会盲人纷纷拒绝双拼盲文,回到了现行盲文,说明现行盲文仍然有强大的生命力。理论上的同音词,很多可以根据上下文很容易地猜出来。简写方案针对它的缺陷进行改良,而不是对它革命。简写方案在现行盲文的基础上,根据词的组成,综合利用声、韵、调,参照英语盲文的简写原理、规则,对同音词中使用频率较高的常用字、词进行简写。

2. 尽量少冲击原有体系的原则

设计新的简写符形,应尽量避开已经使用的符形,尽量少调整原有符形。标点符号、分词连写规则、标调规则(尽管主观性很大)等也不宜调整(使用声调规定的简写符形例外)。使学习简写的人可以毫无困难地阅读原有的现行盲文出版物。未学简写的人,只要背一下简写规则和简写字母表,即可阅读简写出版物。

3. 提高速度与区分同音词兼顾的原则

在同音词内按使用频率设计简写符形,使用频率越高的词语,使用的方数越少,点数越少。对于极少数使用频率非常高的字、词、成语,即使没有同音词,也给予简写,从整体上提高简写效率,最大限度地提高盲文的阅读和书写速度。

4. 理解记忆为主的原则

尽管盲童的语言记忆空间的开发潜力很大,还应以理解记忆为主,尽可能减少机械记忆,将盲童的记忆负担降到最低,使新规定的简写符形与它代表的词语至少在一方面有逻辑上的联系。例如,省略韵母、固定声调、声母前加点、声母前加点、声母降位等。

5. 避免与其他符号混淆的原则

新设计的简写符形必须与数理化符号、音乐符号相区别,不能产生新的混淆。还应与外语符号,至少是常见语种的盲文符号相区别,不产生歧义。也应当注意中外文标点符号的符形与使用方法的区别,特别是基本符形前后加点的情况。尽管汉语中夹杂外语字母(括号内的专有名词除外)是语言不纯洁的现象,但是,翻译成盲文必须忠实于原文。简写符形与外语符号相区别的问题也不得不考虑。

第二节 汉语盲文简写的展望

一、汉语盲文简写的理论构想

1. 放弃表面结构的完整性

简写将在很大程度上放弃盲文声韵相拼的完整性,例如,取每个字的声母代表这个词,用 zhg 两方代表"中国"原来的 4 方,这样韵母不表现出来。实际上,现行盲文方案中已经有类似的情况,如,"知识"就只有两个声母。整体性的放弃换来了简洁。文字本身是抽象的,象形不是必要条件,放弃表面的完整对文字没有实质性的损害。文字具有假定性,记录语言的文字符号和它所记录的语言之间是一种假定的关系。① 汉字本身声、韵、调皆不显示,人们也能够正确读音。当初有人反对简化汉字,说"爱"变成了无"心"之"爱"。习惯以后,字的表面结构中是否有"心"并不重要,人们使用"爱"的心理感受和"爱"是完全一样的。盲文的简写符号从某种意义上是一种缩略语,它的意义依赖于未缩略前的原式的意义,② 而不是从简写符号表面上直接生成。因此,放弃现行盲文表面结构的整体性,不会对盲文造成实质性的不良影响。英语中也有用 rjc 全辅音字母代表 rejoice 的例子。

2. 对基本方案进行改良,而不是革命

简写方案应在尽可能少地冲击基本方案的前提下,争取最大的简写效益。简写不是抛弃基本方案,不是对基本方案的革命,而是在基本方案基础上的改良,不要让人们感觉是出台了一套新方案,以减少简写方案推广时的阵痛。简写方案不能与基本方案产生意义分歧,新设计的简写符号还必须与数理化符号、音乐符号、外语符号相区别,不能产生新的混淆。

由于汉字结构不像英语那样由字母组合而成,简写符号基本是独立使用的,不像英语的简写符号,如,-ment(⠍⠞)可以在很多不同的单词内使用。因此,汉语盲文的简写要想取得实质性的效益,独立简写词的数量需要上千个。即使这样,盲文的记忆量比汉字还小得多。当然,应尽可能地使用规则对简写符号的使用进行约定,根据上下文环境和语用信息,指明使用或不使用简写符号。也可以对某种类型,如重叠词的简写符号进行概括。使新规定的简写符号与它代表的词语至少在一方面有逻辑上的联系,尽可能减少机械记忆,将盲人的记忆负担降到最低。

---

① 葛本仪:《语言学概论》,第 275 页。济南:山东大学出版社,1999 年(第 2 版)。
② 曹炜:《现代汉语词汇研究》,第 133 页。北京:北京大学出版社,2003 年。

3. 现行盲文简写

现行盲文基本方案中有简写的成分,韵母 i 在声母 zh、ch、sh、r、z、c、s 后的省略,区分音节的 Y、W 头省略,都可以归到简写的范畴。现行盲文还有很大的简写空间,规定1000个左右高频词的简写,按顺序、分层次出现,记忆量不集中。简写与全拼有内在的联系,可以帮助记忆,盲文的总记忆负担仍然不大。

使用 1000 个左右高频词的简写,有希望比全拼节约 20%~30% 的篇幅,可以使盲人的阅读和书写速度得到相应的提高,节约时间。相对阅读速度的提高可以扩大盲人的信息量,减小盲文阅读慢的劣势。

4. 双拼盲文简写

由于双拼盲文声介合一、韵调合一的特点,它的基本韵母只有 10 个,比现行盲文少用了 24 个符形,留出了更大的简写空间。据黄乃先生推算,[1]有 1400 多个两方组合形式可以用做简写。如果对常用词有科学的统计,有长时间的研究和实践,有望编制出科学的双拼盲文简写方案。黄乃先生已有的研究和实践表明,对七八百个政治学习中的常用词进行简写,可以省略 30% 的方数。如果这作为法定简写方案的标准,个人自己笔记、记录等还可以使用更进一步的简写,省略的方数可以达到 35% 以上。如果达到这个目标,汉语盲文的经济性就可以跃进世界各国盲字的前列。

5. 简写与基本方案的关系

如果简写方案能够弥补基本方案的缺陷,基本方案就得到改良。简写方案的优点,如区分同音词,可以和基本方案的优点叠加,形成盲文方案的优点总和。简写方案如果有缺陷,是在简写词的选择、简写符号的设计方面,它不会与基本方案的缺陷叠加,形成更大的缺陷。

考察一套盲文是否科学、合理,不应只考察它的基本方案,还要考察它的简写方案。英语盲文更主要是考察它的简写方案的科学性、合理性。英语盲文的改革是简写方案的改革,而不是基本方案的更迭。

汉语盲文只能表示拼音,无论怎样设计基本方案、简写方案,无论多么复杂、多么精细都不可能百分之百地将汉字完全再现。从另一方面看,语言本身就不是自然科学,不可能像数学符号语言那样准确、严密。语言都存在多音词、同音词,多义词、同义词,都有产生歧义的情况。语言的理解从来都强调在上下文环境中进行。

简写方案要符合母语的特点、布莱尔六点制基本结构的特点以及触觉的感知规律。汉语盲文简写应提高阅读和书写速度,同时达到区分同音词两个

---

[1] 黄乃:《建设有中国特色的汉语盲文》,第73页。北京:中国社会出版社,1999年。

目的。使某些高频字词、易混词的简写符形与汉字实现固定对应,使这些符形有固定的意义,可以更好地理解词义、句义。大幅度减少同音词同形,这也可以提高计算机盲文向印刷字转换的准确率,使计算机进行盲文与印刷字的双向转换成为可能。简写是汉语盲文从低级形态向高级形态过渡的必由之路,对我国盲文跻身世界先进盲文之列,发展盲人先进文化有积极的意义。

二、简写示例

双音节高频词是简写的重点,双音节同音词组的简写是难点。常用多音节成语原则上可以只用每个字的声母进行简写,如:众志成城(zh/zh/ch/ch)、画地为牢(h/d/23/ui/l)等。成语中有韵母自成音节的字,要特别注意不能与前一字的声母拼合。"地"的声调必须标出,否则,d 和 ui 形成一个实有音节,容易产生混淆。成语的简写也可以用基本规则加以明确,减少记忆量。

表 3-1 声母、韵母前加点简写表

高频词	简写符号	简写简记符号	原盲文符号
发展		4/f	
经济		4/g	
人民		4/r	
必须		4/b	
出现		4/ch	
社会		4/sh	
爱国		4/ai	
安全		4/an	
文化		4/un	
我国		4/uo	
研究		4/ian	
要求		4/iao	
影响		4/ing	
有关		4/iu	
教育		4/ü	
原则		4/üan	
主义		36/i	

用第 4 点后连写双音节的首声母或韵母，能够较高效率地减少方数和点数。在韵母前加第 4 点，只限于韵母自成的音节的情况。"主义"是个例外，用了连字号（⠿）和尾音节构成。"主义"通常做后缀用，简写符号用 36 点方便"主义"与中心词连写。除"主义"外，其他的简写符号都要分词。

多音节词的使用频率虽然较低，但是，多音节词的简写空间比较大，采用省略韵母简写多音节词，每个简写符号能够减少 3~4 方。由于每个简写符号都有 3 个以上的符号，可认度比双音节次简写符号多，简写符号与被简写词的联系也更密切，更方便记忆和联想。例如：以 x/d/h 为声母的词只有"现代化"和"小刀会"，后者的使用频率非常低。以 x/d 为声母的词就有 126 个之多，其中高频词也不下 10 个。

表 3-2 多音节词的简写对照表

高频词	简写符号	简写简记符号	原盲文符号
现代化		h/d/h	
科学家		k/h/g	
计算机		g/s/g	
生产力		sh/ch/l	
劳动力		l/d/l	
大部分		d/b/f	
办公室		b/g/sh	
代理人		d/l/r	
进一步		g/23/i/b	
太平洋		t/p/2/iang	
社会主义		4/sh/36/i	
资本主义		z/b/36/i	
帝国主义		d/g/36/i	
共产主义		g/ch/36/i	
改革开放		g/g/k/f	
少数民族		sh/sh/m/z	
画地为牢		h/d/23/ui/l	
乐不可支		l/b/k/zh	
生产资料		sh/ch/z/l	
生产关系		sh/ch/g/h	

简写的多音节词一律连写。当简写符号出现声母后接韵母时,必须在声母后标调,防止混淆。例如:"进一步""太平洋""画地为牢"等。

表 3-3　同音不同调词组的简写区分表

同音词组	简写符号	简写简记符号	原盲文符号
不仅	⠰⠆	23/b	⠆⠒⠆⠔⠆⠒
不禁	—	—	⠆⠒⠆⠔
出发	⠰⠆	23/ch	⠆⠒⠆⠔
处罚	—	—	⠆⠒⠆⠔
公认	⠰⠆	23/g	⠆⠒⠆⠔
工人	—	—	⠆⠒⠆⠔
地质	⠰⠆	23/d	⠆⠒⠆⠔
地址	⠆⠰⠆	d/23/zh	⠆⠒⠆⠔
抵制	—	—	⠆⠒⠆⠔
防止	⠰⠆	23/f	⠆⠒⠆⠔
防治	⠆⠰⠆	f/2/zh	⠆⠒⠆⠔
纺织	—	—	⠆⠒⠆⠔

汉语中真正的同音词(同调)并不多,根据顾越[①]的统计,大约有 9.5% 左右。但是,这部分的同音同调词的区分是汉语盲文的难点,直接标调对它们没有区分作用。简写对于区分高频同音同调词组是一条有效的途径。

表 3-4　同音同调词组的简写区分表

同音词组	简写符号	简写简记符号	原盲文符号
治病	⠰⠆	23/zh	⠆⠒⠆⠔
致病	—	—	⠆⠒⠆⠔
形式	⠰⠆	23/h	⠆⠒⠆⠔
形势	⠆⠰⠆	h/2/sh	⠆⠒⠆⠔
刑事	—	—	⠆⠒⠆⠔
终点	⠰⠆	zh/d	⠆⠒⠆⠔⠆⠒

[①] 顾越:《〈汉语拼音词汇〉同音词再统计》,《语文研究》,1981,1。

（续表）

同音词组	简写符号	简写简记符号	原盲文符号
中点	—	—	⠿⠿⠿⠿
植物	⠿⠿	zh/2/u	⠿⠿⠿
职务	—	—	⠿⠿⠿
唯心	⠿⠿	23/ui	⠿⠿⠿
维新	—	—	⠿⠿⠿
事物	⠿⠿	23/sh	⠿⠿⠿
事务	—	—	⠿⠿⠿
反映	⠿⠿	23/f	⠿⠿⠿⠿
反应	—	—	⠿⠿⠿⠿

例句：

⠿⠿ ⠿⠿ ⠿⠿ ⠿⠿⠿ ⠿⠿⠿ ⠿⠿ ⠿⠿ ⠿⠿⠿ ⠿⠿⠿。
经济 发展 只是 和谐 社会 的 一个 方面。

⠿⠿⠿ ⠿ ⠿⠿⠿ ⠿⠿⠿ ⠿ ⠿⠿ ⠿⠿⠿⠿。
计算机 是 社会主义 现代化 建设 的 重要 生产资料。

思考题

1. 简写对提高汉语盲文的品质有哪些意义？
2. 你怎样认识简写区分同音词的功能？
3. 你认为简写会带来新的混淆吗？为什么？

第四章 常用盲文数理化符号

第一节 盲文数理化符号发展概况[1]

盲文数学、物理、化学符号（简称盲字数理化符号）起源于路易·布莱尔1829年提出利用凸点记录语言、数学、音乐和无伴奏齐唱。由于历史和地域的局限，尽管世界各国先后各自利用布莱尔盲文体系，纷纷设计和创造本国、本民族的盲字数、理、化符号，但直到现在，国际上还没有形成一套世界通用的完全一致的盲字数、理、化符号。

总结国际上各种类型的盲字数、理、化符号，其中最具有代表性的有三种：泰勒式（Taylor）、马尔堡式（Marburg）、聂美兹式（Nemeth）。这三种盲字数理化符号体系各具特点：泰勒式出现较早，马尔堡式和聂美兹式较完备。它们都不同程度地对世界各国产生影响，为盲字数、理、化符号的创新、修订、补充、完善和优化发挥了不可忽视的作用。

泰勒式盲字数学符号最初是英国一位牧师威廉·泰勒（William Taylor）的牧师于1866年以后设计出来的。几十年后，英国一位与威廉同姓的亨利·泰勒（Henry Mortyn Taylor）在剑桥大学攻读数学，不幸中途失明。他于20世纪初期使用并发展了威廉·泰勒的符号体系，并出版过一些实用的点字数学课本。因此，这两位泰勒设计的符号体系被后人统称为泰勒式。当时许多国家纷纷采用这种符号体系。

第一次世界大战以后，由于数理化理论的迅速发展，泰勒式及其他欧洲国家所规定的盲字数理化符号已不能满足科学不断发展的需要。科学技术的飞速发展，呼唤新的盲字数理化符号的诞生。于是，一套新的更为完备的马尔堡式符号应运而生。

马尔堡符号因德国马尔堡盲人教育中心最先使用而得名。随着这套符号体系在使用中被不断传播，它对世界各国的影响越来越大。为统一规范这套符号，一些国家于1916年在莱比锡召开会议，专门研讨这套符号，并在此基础上，编制出了新的马尔堡符号方案，于1919年公诸于世。1929年在维也纳召开的国际盲人会议成立了一个专门委员会来推荐盲文数学符号体系。在由德国、法国、意大利、比利时、原捷克斯洛伐克、匈牙利、瑞典、澳大

---

[1] 滕伟民、李伟洪：《中国盲文》，第91~95页。北京：华夏出版社，1996年。

利亚、英国等九国的12名专家代表参加的该委员会专门会议上,再次对马尔堡符号进行了研究,并决定把马尔堡符号作为国际通用的盲文数理化符号。1937年通过符号草案。1941年马尔堡符号的英译本正式出版。于是,欧洲许多国家以及苏联等先后使用了这套符号。可以说,马尔堡盲文数理化符号是国际上较流行的一套符号体系。

然而,马尔堡符号在各国实际运用中并未做到完全一致、整齐划一。出现这种差异,其根本原因是由于各民族语言、文字以及使用习惯上的不同所致。另一原因,是由于没有一个国际性统一协调的研究机构及时通报有关信息,并研讨、制定新的符号体系。因此,各国在具体使用马尔堡符号时,都各自做了修订和补充。

另一个具有代表性的聂美兹数学与科学符号体系,也伴随着科学技术的飞速发展应运而生。它是由美国盲人数学家雅伯拉罕·聂美兹博士设计的,于1952年被正式采用。经过1965年和1972年先后两次修订,成为一套体系较完整、排列较系统的盲文数学与科学符号。于是,迅速被一些国家与地区采用,如加拿大、新西兰等。我国台湾省1967年开始使用这套符号。

盲文数学符号的使用在我国已有90多年的历史。1911年上海盲校成立,便开始使用泰勒式符号。1927年南京市盲哑学校成立后,也采用泰勒式符号。此后,我国一直沿用泰勒式符号体系,一直到20世纪70年代初。1972年,我国正式采用马尔堡符号体系。那时随着盲文出版物的增多,出书内容也越来越深,仅适用于中学程度的泰勒式符号体系逐渐不敷使用。当时的盲文出版工作者黄加尼在潜心研究马尔堡符号的基础上,参照马尔堡符号,提出了一套适用于我国的盲字数、理、化符号。这套符号共130多个,于1972年3月在盲文出版物中正式采用。

黄加尼整理出的这套符号为我国出版盲文版数、理、化书籍和教材发挥了应有的作用。这套符号在使用了20年后,随着自然科学和特殊教育事业的发展,它已不能完全适应盲人教育和盲文图书出版的需要。社会的发展期待着一套更科学、更完备、更具广度和深度的盲文数、理、化符号问世。

1990年初,中国残疾人联合会宣教部、中国盲人协会共同召开了全国首次盲文数、理、化符号专家研讨会。会议确定了新的盲文数、理、化符号的设计思想和编写原则,并成立了编写组着手编写工作。编写组查阅、翻译了大量国内外盲文数、理、化符号资料,对有代表性的数、理、化符号体系进行了深入的比较和研究,博览广采,集各家之长,并有所创新、有所发展,提出了一整套盲文数、理、化符号方案。

方案出台以后,编写组广泛征求各方面的意见,先后召开过七次较大范围的研讨会议,并经过若干次修改、补充、完善,于1991年12月提交由各方面专家参加的会议审定。

专家们一致认为，制定系统、科学、实用的盲文数、理、化符号是当务之急。这套符号博采众家之长，极大地丰富了我国原有的数、理、化符号，适合我国盲人使用，具有科学性、系统性、实用性。专家们指出，这套符号为发展我国更高一级的盲人教育、出版更高层次的盲文版自然科学书籍奠定了基础。

这套盲文数、理、化符号系统包括约1800个符号，盲文版《中国盲文数理化符号集成》一书，已由中国盲文书社正式出版。

1992年8月，这套符号提交由大陆、香港和台湾地区盲文专家参加的研讨会审定，得到会议代表的高度评价。会议决定将这套符号作为大陆、香港、台湾统一的盲文数、理、化符号方案蓝本，再做进一步的研究和验证，以便及早实施。会议还建议将这套方案送交有关国际组织进行学术交流。

总之，我国新的盲字数、理、化符号的确立，是盲文研究工作的一项重要成果，它为进一步促进盲人教育和出版事业的发展创造了条件。

第二节　盲文数理化符号一般书写规定

一、数字

基本符号

1. ⠼（3、4、5、6）——阿拉伯数字符号
2. ⠈（3）　　　　——分节号
3. ⠠（2）　　　　——小数点
4. ⠐（5）　　　　——循环小数标志符

（一）每个阿拉伯数字前面必须使用阿拉伯数字符号（简称数号）

例如：1　　2　　3　　4　　5

　　　6　　7　　8　　9　　0

85　　写做　⠼⠓⠑

476　　写做　⠼⠙⠛⠋

（二）如果整行、多行或整页都是数字，可在第一个数字前加两个数号，其他数字可省去数号，数与数之间用空方隔开。数字写完后，要加"⠼⠼"表示结束

例如：小于100的质数是：2、3、5、7、11、13、17、19、23……97

写做 ⠼⠚⠀⠼⠁⠀⠼⠃⠀⠼⠉⠀⠼⠙⠀⠼⠑⠀⠼⠋⠀⠼⠛⠀⠼⠓⠀⠼⠊

（三）跟在数号后的数字点位平行下移成另一种型体时，表示序列，具有序数含义

例如：3　　写做　⠼⠒　　表示第三

　　　 7　　写做　⠼⠶　　表示第七

　　　 15　 写做　⠼⠁⠢　 表示第十五

（四）数字中的分节号⠂使用时前后不空方

例如：12,485 写做　⠼⠁⠃⠂⠙⠓⠑

　　　 4,000,000 写做　⠼⠙⠂⠚⠚⠚⠂⠚⠚⠚

（五）小数点使用时前后不空方。循环小数标志符写在循环数位的前面，前后不空方

例如：0.2　　写做　⠼⠚⠨⠃

　　　 3.14　 写做　⠼⠉⠨⠁⠙

　　　 0.35　 写做　⠼⠚⠨⠉⠑

　　　 0.14285 写做　⠼⠚⠨⠁⠲⠙⠃⠓⠑

（注意：无论循环小数有几个循环数位，只在第一个循环数位前加一个循环小数标志符即可。）

（六）分数的写法

1.一般分数的写法：先写分子，按整数的写法来写；再写分母，即省略数号，将分母的数字点位下移；分数线省略不写

例如：$\frac{2}{3}$　　写做　⠼⠃⠒

　　　$\frac{4}{51}$　 写做　⠼⠙⠢⠁

　　　$\frac{24}{7}$　 写做　⠼⠃⠙⠶

2.带分数的写法：先写整数部分，按整数的写法来写；再写分数部分，按一般分数的写法来写（数号、分子的点位，分母省略数号点位下移）。

例如：$3\frac{1}{2}$　　写做　⠼⠉⠼⠁⠆

　　　$8\frac{7}{19}$　 写做　⠼⠓⠼⠛⠁⠔

（注意：整数部分与分数部分之间还有一个数号，且两者之间不空方。）

二、字母

基本符号

1. ⠰ (5、6) ——小写拉丁字母号
2. ⠠ (6) ——大写拉丁字母号
3. ⠨ (4、6) ——小写希腊字母号
4. ⠸ (4、5、6) ——大写希腊字母号

（一）小写拉丁字母号和大写拉丁字母号要分别写在小写拉丁字母和大写拉丁字母的前面。详见《拉丁字母表》

拉丁字母表

A	a	B	b	C	c
D	d	E	e	F	f
G	g	H	h	I	i
J	j	K	k	L	l
M	m	N	n	O	o
P	p	Q	q	R	r
S	s	T	t	U	u
V	v	W	w	X	x
Y	y	Z	z		

（二）小写希腊字母号和大写希腊字母号要分别写在小写希腊字母和大写希腊字母的前面。见《希腊字母表》

希腊字母表

Α	α	(alpha)	Β	β	(beta)
Γ	γ	(gamma)	Δ	δ	(delta)
Ε	ε	(epsilon)	Ζ	ζ	(zeta)
Η	η	(eta)	Θ	θ	(theta)
Ι	ι	(iota)	Κ	κ	(kappa)
Λ	λ	(lambda)	Μ	μ	(mu)
Ν	ν	(nu)	Ξ	ξ	(xi)
Ο	ο	(omicron)	Π	π	(pi)
Ρ	ρ	(rho)	Σ	σ	(sigma)
Τ	τ	(tau)	Υ	υ	(upsilon)
Φ	φ	(phi)	Χ	χ	(chi)
Ψ	ψ	(psi)	Ω	ω	(omega)

（三）同类型字母连写时，只在第一个字母前加字母号；不同类字母连写时，要分别使用不同的字母号

例如：2Abc　写做

　　　πr　写做

（四）如不发生混淆，小写拉丁字母号可以省略不写

例如：25m　写做

　　　16y　写做

　　　4ab　写做

三、标点及其他符号

基本符号

1. ⠀　　　（36）　　——连接号
2. ⠀⠀⠀　（5,5,5）　——省略号（……）
3. ⠀　　　（5）　　　——逗号（,）
4. ⠀⠀　　（5,23）　　——句号（。）
5. ⠀　　　（4）　　　——顿号（、）
6. ⠀　　　（56）　　　——分号（;）
7. ⠀⠀　　（5,3）　　——问号（?）
8. ⠀　　　（36）　　　——冒号（:）

9. ⠰⠰   （45；45）   ——双引号（""）
10. ⠰⠰ ⠰⠰   （45，45；45，45） ——单引号（''）
11. ⠆   （26）   ——范围号（~）
12. ⠿   （1345）   ——序号（No）
13. ⠴   （346）   ——节号（§）
14. ⠂⠄   （6，3）   ——间隔号
15. ⠈   （4）   ——文字号
16. ⠠   （6）   ——换行符
17. ⠠⠆   （46）   ——数学符号标记
18. ⠠⠿   （6，1256）   ——斜线（/）

（一）使用连号、句号、问号、分隔号、斜线时，符号前后均不空方

（二）使用省略号、逗号、顿号、分号、冒号时，符号后面要空一方。但省略号后面如果跟有其他标点符号，则不必空方

（三）使用范围号、序号和节号时，符号前空后不空。但序号和节号双写时，则在第一个符号前空一方

例如：§6   写做 ⠴⠼⠋
      NoNo2-8 写做 ⠿⠿⠼⠃⠤⠼⠓

（四）使用引号时，前引号的前面和后引号的后面要各空一方

（五）盲文换行书写一个表达式时，如果在不应空方处换行，则应先在行末加换行符（⠠）；如果恰好是在应该空方处换行，则不需加换行符

（六）表达式中如有文字，应在每个词之前加文字号（⠈）。如果连续出现4个或4个以上的词，则在第一个词的前面加两个文字号，在最后一个词的前面加一个文字号，其余的词可省写文字号

（七）文字表述中出现的数学符号前后都应空方，并在符号之前加数学符号标记

第三节　常用数学盲字符号

一、运算符号

基本符号

1. ⠖   （235）   ——加号（正号）（+）
2. ⠤   （36）   ——减号（负号）（-）
3. ⠦   （236）   ——乘号（×）
4. ⠲   （256）   ——除号（÷）

5. ⠿　　　（2356）　　——等号（=）
6. ⠐　　　（3）　　——点乘号（·）
7. ⠿⠿　　（26,26）　　——约等号（≈）
8. ⠿⠿　　（235,36）　　——加减号（正负号）（±）
9. ⠿⠿　　（36,235）　　——减加号（负正号）（∓）
10. ⠿⠿　　（5,25）　　——比号（:）

（一）使用点乘号、比号时，符号前后均不空方。其他符号在使用时，符号前面都要空一方

例如：$5a·7b=35ab$

　　写做　　⠿⠿⠿⠿　　⠿⠿⠿⠿

$c:d=a:b$

　　写做　　⠿⠿⠿⠿　　⠿⠿⠿⠿

$8+2=10$

　　写做　　⠿　⠿　　⠿⠿

$41-11=30$

　　写做　　⠿⠿　⠿⠿　　⠿⠿

$\dfrac{10}{3} \approx 3.33$

　　写做　　⠿⠿⠿⠿　　⠿⠿⠿⠿

$0.5×0.7=0.35$

　　写做　　⠿⠿⠿⠿　　⠿⠿　　⠿⠿⠿⠿

（二）正号、负号、正负号、负正号一般要在符号前空一方。但是，当它们出现在等号后面时，则不需要空方

例如：$-3a+ab=-2ab$

　　写做　　⠿⠿⠿⠿　　⠿⠿⠿⠿

$x=±5$

　　写做　　⠿⠿　⠿⠿⠿⠿

（三）进行四则混合运算，盲文的书写格式一般可以这样安排：行首先空一方抄写题目，计算步骤分别另起一行书写，每一步中的等号都要顶行首并且上下对齐

例如：$3+2×6÷3$

　　　$=3+12÷3$

　　　$=3+4$

　　　$=7$

写做　　⠿⠿　　⠿⠿⠿　　⠿⠿⠿　　⠿⠿

（四）解方程时，盲文的书写格式一般可以这样安排：行首顶格抄写题目，计算的每一步骤也分行顶格书写，不必要求等号对齐

例如：54-6x=30

　　　　-6x=30-54

　　　　6x=24

　　　　x=24÷6

　　　　x=4

写做

二、括号

基本符号

1. ⠰⠣　⠰⠜　　　　（126，345）　　——圆括号（小括号）（ ）
2. ⠈⠣　⠈⠜　　　　（12356，23456）　——方括号（中括号）[ ]
3. ⠘⠣　⠘⠜　　　　（246，135）　　——波形括号（大括号）{ }
4. ⠘⠰⠣　⠘⠰⠜　　（246，3；4，135）——大波形括号 ⦃ ⦄
5. ⠘⠆　⠘⠒　　　　（46，1256）　　——行分隔号

（一）括号在使用时，符号前后一般不空格。如果波形括号和拉丁字母"O"出现在一个表达式中，则字母"O"前必须加字母号

例如：(a+b)(c-d)=ac-ad+bc-bd

写做

（二）一般来说，含有括号的四则混合运算式较长，用盲文译写时常会一行写不下不得不转到下一行继续写。在这种情况下，通常采用带运算符号换行的方法，即选择在要求前空方的运算符号处换行，把该运算符号写在下一行行首，然后再按规则继续书写后面的内容

例如：$[2\frac{1}{3}+(5.4-2\frac{2}{3})\times 1\frac{1}{3}]\div 3\frac{4}{9}$

写做

（三）在明文中如果几行式子的左边是用一个大波形括号括起来的，则盲文有两种表示方法

1.直接按照铭文格式书写，即在几行式子的左边用"⠨""⠨""⠨"……"⠨"等括号将其括起来。如果盲文式子一行写不完，则换行时要缩进两方

例如：$\begin{cases} x+y+z=1 \\ x+2y+3z=2 \\ x+3y+2z=5 \end{cases}$

写做

2.横式书写方法，即先写前大波形括号，然后写第一行式子，写完第一行式子后加一个行分隔号，再写第二行式子，依此类推，在最后一行式子的后面加后大波形括号

例如：$f(x)=\begin{cases} 0 & -\pi \leq x \leq -2 \\ x+2 & -2 \leq x \leq 0 \\ 2-2x & 0 \leq x \leq 1 \\ 0 & 1 \leq x \leq \pi \end{cases}$

写做

三、绝对值与不等式符号

基本符号

1. ⠪　　　（135）　　——大于号 >
2. ⠔　　　（246）　　——小于号 <
3. ⠈⠪　　（4,135）　——不大于号 ≯
4. ⠈⠔　　（4,246）　——不小于号 ≮
5. ⠪⠶　　（135,2356）——大于等于号 ≥
6. ⠔⠶　　（246,2356）——小于等于号 ≤
7. ⠪⠔　　（135,246）——大于或小于号 ><
8. ⠈⠶　　（4,2356）　——不等号 ≠
9. ⠸　⠸　（456,456）——绝对值号 ||

（一）使用大于号、小于号、不大于号、不小于号、大于或小于号时，符号前后都要空方

例如：$\frac{1}{2} > \frac{1}{3}$

写做　⠀⠀⠀⠀　⠀⠀

$p+q \not> m-n$

写做　⠀⠀⠀⠀　⠀⠀⠀⠀

$a+b < 0$

写做　⠀⠀⠀⠀　⠀⠀

$x-y \not< z$

写做　⠀⠀⠀⠀　⠀⠀

$a><b$

写做　⠀⠀⠀⠀

（二）使用大于等于号、小于等于号时，符号前面要空方

例如：$-1 \leqslant n < 1$

写做　⠀⠀⠀⠀　⠀⠀

$a+c \geqslant b+c$

写做　⠀⠀⠀⠀　⠀⠀

（三）不等号前后都不空方

例如：$m-n \neq 0$

写做　⠀⠀⠀⠀

（四）使用绝对值符号时，开绝对值号后、闭绝对值号前都不要空方。绝对值中的表达式如带有字母，则字母前必须加字母号

例如：$|3-5|=2$

写做　⠀⠀⠀⠀　⠀⠀

例如：$p+|q| \geqslant 0$

写做　⠀⠀⠀⠀　⠀⠀

四、分式

基本符号

1. ⠲（1256）——分式线
2. ⠆（23）——开分式号
3. ⠰（56）——闭分式号
4. ⠐（5）——连号

（一）简单分式的写法：先写分子部分，再写分式线（分式线前后不空方），最后写分母部分（分母不降点位书写）

例如：$\dfrac{-1}{2}$

写做 ⠀

$\dfrac{a}{4}$

写做 ⠀

$\dfrac{0.8}{-9}$

写做 ⠀

$\dfrac{1}{\frac{1}{5}}$

写做 ⠀

$\dfrac{x}{y}$

写做 ⠀

$\dfrac{3\frac{1}{6}}{7\frac{1}{12}}$

写做 ⠀

（二）如果分式的分子或分母中包含有数学表达式，则该分式称为复杂分式。复杂分式要用开分式号和闭分式号将整个分式括起来。复杂分式的写法：先写开分式号，再写分子部分，然后写分式线（分式线前面要空方），最后写分母部分和闭分式号

例如：$\dfrac{5-3}{5+2}$

写做 ⠀

$\dfrac{-\pi}{2}$

写做 ⠀

$\dfrac{bd+bc}{ad}$

写做 ⠀

$$\frac{\frac{1}{2}-\frac{1}{3}}{\frac{1}{2}+\frac{1}{3}}$$

写做 ⠀⠀⠀⠀⠀⠀⠀⠀⠀⠀⠀⠀⠀⠀⠀⠀

（三）在不发生混淆的情况下，复杂分式也可省去开分式号和闭分式号，但分子、分母中的运算符号前要加连号（⠀），且分式线前后不空方

例如：$\dfrac{5-2}{6+4}$

写做 ⠀⠀⠀⠀⠀⠀⠀⠀

$$\frac{2x-y+3}{x+2y-1}$$

写做 ⠀⠀⠀⠀⠀⠀⠀⠀⠀⠀

$$\frac{\frac{1}{4}+\frac{1}{5}}{\frac{1}{2}-\frac{1}{3}}$$

写做 ⠀⠀⠀⠀⠀⠀⠀⠀⠀⠀

$$\frac{\alpha+2k\pi}{2}$$

写做 ⠀⠀⠀⠀⠀⠀

（四）如果分式的前面是减号，或分子的第一项带有负号，或分子、分母中带有点乘号，或分子、分母中含有简单分式时，必须使用开分式号和闭分式号

例如：$-\dfrac{5-2}{6+4}$

写做 ⠀⠀⠀⠀⠀⠀⠀⠀

$$\frac{-x+3}{x}$$

写做 ⠀⠀⠀⠀

$$\frac{b\cdot c}{a}-\frac{a+1}{b-1}$$

写做 ⠀⠀⠀⠀⠀⠀⠀⠀⠀⠀

$$\frac{1-\frac{1}{a}}{1+\frac{1}{a}}$$

写做 ⠀⠀⠀⠀⠀⠀⠀⠀⠀⠀

（五）如果分式的分子或分母中还包含有多层分式，则该分式称为繁分式。在明文中，繁分式是以分式线的长短来表示分式的不同运算层次的，盲文则是用分式线符号前后空方来表示最长的主分式线。主分式线前为分子部分，后为分母部分。分子或分母部分中的多层分式线，则是在分式线符号的后面加降点位的数字来表示不同运算层次。数字越小，表示的分式线越长；数字越大，表示的分式线越短；其运算顺序是由大到小。这种分式线称为层次分式线，层次分式线前面要空方。繁分式中的简单分式也要记入分式的层次，但不加开分式号和闭分式号

例如：$\dfrac{\dfrac{cd}{b}}{\dfrac{x+y}{x-y}} + \dfrac{\dfrac{x}{y}}{\dfrac{d}{b}}$

写做

$$\dfrac{a+\dfrac{a}{b}}{x+\dfrac{x}{y}} \Big/ \dfrac{a+b}{x+y} + \dfrac{a-b}{x-y}$$

写做

（六）连分式的表达方法与繁分式相同

例如：$\dfrac{a}{b+\dfrac{c}{d+\dfrac{e}{f}}}$

写做

$1 + \dfrac{1}{2 + \dfrac{1}{3 + \dfrac{1}{4}}}$

写做

五、单位

基本符号

1. ⠀⠀　（36）　　——单位连号

2. ⠀⠀　（5,356）　——度号（°）

3. ⠀⠀　　（5,35）　　　　——分号（′）
4. ⠀⠀⠀　　（5,35,35）　　——秒号（″）
5. ⠀⠀⠀⠀　（5,356,6,14）——摄氏度（℃）
6. ⠀⠀⠀　　（3456,245,356）——百分号（%）
7. ⠀⠀⠀⠀　（3456,245,356,356）——千分号（‰）

（一）文字书写的单位，单音节的用单位连号(⠀)连写，多音节的分写

例如：1 年=365 日

　　写做　⠀⠀⠀⠀⠀⠀

　　　　　1 米=10 分米

　　写做　⠀⠀⠀⠀⠀⠀⠀⠀

　　　　　4 立方厘米

　　写做　⠀⠀⠀⠀⠀⠀

（二）度号、分号、秒号、摄氏度、千分号、百分号，直接写在数字之后，一般符号后要空一方。但连续使用度、分、秒号时，前后都不用空方

例如：45°

　　写做　⠀⠀⠀

　　　　　22~29℃

　　写做　⠀⠀　⠀⠀⠀⠀

　　　　　15°25′40″

　　写做　⠀⠀⠀⠀⠀⠀⠀

　　　　　86%

　　写做　⠀⠀⠀⠀⠀

（三）时间用的标号(:)，盲文里省略不写，将两个数字直接连在一起

例如：10:45（十点四十五分）

　　写做　⠀⠀⠀⠀

（四）字母代号的单位，应与前面的数字连写，但必须加字母号。计量单位符号与标点符号之间不空方

例如：A. 长度单位符号

　　　　⠀⠀　　　km　千米

　　　　⠀⠀　　　m　米

　　　　⠀⠀　　　dm　分米

　　　　⠀⠀　　　cm　厘米

　　　　⠀⠀　　　mm　毫米

　　　B. 面积单位符号

　　　　⠀⠀⠀⠀　km²　平方千米

⠼⠆⠼⠆⠼⠆ m² 平方米
⠼⠉⠼⠆⠼⠆⠼⠆ cm² 平方厘米

C.体积与容积单位符号

⠼⠉⠼⠆⠼⠆⠼⠆ m³ 立方米
⠼⠉⠼⠆⠼⠆⠼⠆⠼⠆ cm³ 立方厘米
⠼⠇ l 升
⠼⠍⠇ ml 毫升

D.重量单位符号

⠼⠞ t 吨
⠼⠅⠛ kg 千克
⠼⠛ g 克
⠼⠍⠛ mg 毫克

3m(米)
写做 ⠼⠉⠍

47cm(厘米)
写做 ⠼⠙⠛⠉⠍

六、标注符号

Ⅰ 指数方向符
基本符号

1. ⠰ （16） ——下指数（左、右）
2. ⠘ （34） ——上指数（左、右）
3. ⠸⠰ （46,16） ——正下方指数
4. ⠸⠘ （46,34） ——正上方指数
5. ⠼ （156） ——指数或标志结束符

（一）指数是指在数学表达式中附加在字母或数字上下方的小字（即数字、字母或表达式）。书写指数时要在指数的前面加指数方向符，在指数的后面加指数结束符（⠼）。

例如：a_n

写做 ⠁⠰⠝⠼

（二）如果指数是写在字母或数字的右上、右下或正上、正下方向，则先写字母或数字，再写指数；如果指数是写在字母或数字的左上或左下方向，则先写指数，再写字母或数字

例如：a^{n+1}

写做　⠰⠂⠼⠉⠄⠐⠆　⠐⠂⠼⠉⠄⠐⠆

写做　$\underset{k+1}{n-k}a$　⠰⠂⠼⠉⠄⠐⠆　⠐⠂⠼⠉⠄⠐⠆

写做　⠰⠂⠼⠉⠄⠐⠆⠐⠆

（指数的书写原则是先左后右，先下后上，逐一书写。）

（三）如果指数是整数（正、负、零），则可以省去数号和指数结束符，将数字的点位下移。在不发生混淆的情况下，右下指数也可省去下指数方向符。

例如：a_0

写做　⠰⠂⠼⠴

例如：a^{-3}

写做　⠰⠂⠼⠤⠒

例如：$f_{n+1}(x)$

写做　⠰⠋⠝⠖⠁⠣⠭⠜

Ⅱ 标志和标志方向符

基本符号

1. ⠠（456） ——下方标志（左、右）
2. ⠨（46） ——上方标志（左、右）
3. ⠰（56） ——正下方标志
4. ⠘（45） ——正上方标志
5. ⠱（156） ——指数或标志结束符
6. ⠐（35） ——撇号（'）
7. ⠆（23） ——星号（*）
8. ⠔（25） ——横线（-）

（一）标志是指附加在字母或数字上、下方向的符号标记，如星号等。一般标志的前面都要加标志方向符，后面加结束符（⠱）

例如：e^{2at}

写做　⠑⠨⠼⠃⠁⠞⠱

（二）在不发生混淆的情况下，标志结束符也可以省略

例如：$\bar{x}$

写做　⠔⠭

$x'=f(x,t)$

写做　⠘⠔⠀⠘⠃⠼⠂⠀⠀⠘⠆⠘⠁⠼⠂⠀⠀⠀⠐⠶
　　　(AB)*=B*A*

写做　⠘⠔⠀⠘⠃⠘⠆⠘⠁⠼⠂

七、乘方和开方

基本符号

1. ⠘⠂ （34）　　——乘方指数号（幂指数号）
2. ⠨⠆ （146）　　——根指数号（开方指数号）
3. ⠨⠼ （156）　　——指数结束符
4. ⠨⠽ （1456）　　——根式结束符

（一）乘方的写法：先写底数，再写乘方指数号和乘方指数，最后写指数结束符

例如：a^n

写做　⠁⠘⠂⠝⠨⠼

　　　$(-x)^{2k}$

写做　⠐⠤⠭⠐⠶⠘⠂⠆⠅⠨⠼

　　　a^{m+n}

写做　⠁⠘⠂⠍⠬⠝⠨⠼

（二）如果乘方指数是整数，则省略指数的数号和指数结束符，将指数的数字点位下移

例如：$x^7 \cdot x^{-7} = x^0$

写做　⠭⠦⠀⠐⠔⠭⠤⠦⠀⠨⠶⠭⠴

　　　$x^{-5} = \dfrac{1}{x^5}$

写做　⠭⠤⠑⠀⠨⠶⠹⠁⠌⠭⠑⠼

　　　$\dfrac{(a+b)^2}{(a-b)^2}$

写做　⠹⠐⠶⠁⠬⠃⠐⠶⠆⠌⠐⠶⠁⠤⠃⠐⠶⠆⠼

（三）开方的写法：先写根指数号和根指数，再写指数结束符和被开方部分，最后写根式结束符

例如：$\sqrt[n]{x}$

写做　⠨⠆⠝⠨⠼⠭⠨⠽

　　　$\sqrt[x]{a+b}$

写做　⠨⠆⠭⠨⠼⠁⠬⠃⠨⠽

例如：$\sqrt[m-n]{x}$

写做 ⠿⠿⠿　⠿⠿⠿⠿⠿

（四）如果根指数是整数，则省去数号，将根指数的数字点位下移

例如：$\sqrt[4]{81}=\pm 3$

写做 ⠿⠿⠿⠿⠿　⠿⠿⠿⠿

$\sqrt[-3]{\dfrac{1}{4}}=\sqrt[3]{4}$

写做 ⠿⠿⠿⠿⠿⠿　⠿⠿⠿⠿⠿

（五）二次根式的根指数一般可以省略，但根指数结束符和根式结束符不能省略

例如：$\sqrt{x^3}$

写做 ⠿⠿⠿⠿⠿

$\sqrt{\dfrac{3a-2b}{a}}+3$

写做 ⠿⠿⠿⠿⠿⠿⠿⠿⠿　⠿⠿

$\sqrt{b^2-4ac}$

写做 ⠿⠿⠿⠿⠿　⠿⠿⠿⠿

八、初等几何符号

基本符号

1. ⠿⠿　　（123,123）　　——平行（∥）
2. ⠿⠿⠿　（123,123,2356）——平行且相等（⫡）
3. ⠿⠿　　（3456,3）　　——垂直（⊥）
4. ⠿⠿⠿　（3456,3,2356）——垂直且相等（⟂）
5. ⠿　　　（35）　　　　——相似（∽）
6. ⠿⠿　　（35,2356）　——全等（≌）
7. ⠿⠿　　（1246,256）　——三角形（△）
8. ⠿⠿　　（1246,2356）——正方形（□）
9. ⠿⠿　　（1246,123456）——矩形（▭）
10. ⠿⠿⠿　（1246,35,35）——平行四边形（▱）
11. ⠿⠿⠿　（1246,35,26）——梯形（⏢）
12. ⠿⠿　　（1246,246）　——角（∠）
13. ⠿⠿　　（1246,236）　——直角（⌐）
14. ⠿⠿　　（1246,2）　　——圆（○）

15. ⠀	（1246,136）	——弧（⌒）	
16. ⠀	（1246,346）	——弦（⌒）	
17. ⠀	（16,1）	——因为（∵）	
18. ⠀	（34,3）	——所以（∴）	

（一）使用平行、平行且相等、垂直、垂直且相等、相似、全等等符号时，符号前面要空一格

例如：DC ∥ EF

写做　⠀⠀⠀　⠀⠀⠀

　　　BE ⊥ AC

写做　⠀⠀⠀⠀⠀⠀

（二）如果各图形符号、角度号、弧度号跟有字母，则字母前不空格，但必须加字母号

例如：△ABC≌△CDA

写做　⠀⠀⠀⠀⠀　⠀⠀⠀⠀⠀

　　　$\overset{\frown}{AB}=90°$

写做　⠀⠀⠀⠀⠀　⠀⠀⠀⠀⠀

　　　∠AOB=30°

写做　⠀⠀⠀⠀⠀　⠀⠀⠀⠀⠀

（三）因为号（∵）和所以号（∴）在使用时，符号的前面要空一方，符号的后面则要空两方

例如：∵AB⊥CD

　　　∴∠ABC+∠ABD=180°

写做　⠀⠀⠀⠀⠀⠀⠀⠀⠀
　　　⠀⠀⠀⠀⠀⠀⠀⠀⠀⠀⠀⠀⠀⠀⠀⠀

九、三角函数符号

基本符号

1. ⠀	（1246,234）	sin	——正弦	
2. ⠀	（1246,14）	cos	——余弦	
3. ⠀	（1246,2345）	tg（或 tan）	——正切	
4. ⠀	（1246,14,2345）	ctg（或 cot）	——余切	
5. ⠀	（1246,234,14）	sec	——正割	
6. ⠀	（1246,14,234）	csc（或 $cosec$）	——余割	

（一）三角函数后面的自变量字母要加字母号

例如：$tg\beta \cdot ctg\beta = 1$

写做 ⠀⠀⠀⠀⠀⠀⠀⠀⠀⠀⠀⠀

$\sin 2\alpha = 2\sin\alpha \cdot \cos\alpha$

写做 ⠀⠀⠀⠀⠀⠀⠀⠀⠀⠀⠀⠀⠀⠀

$a \cdot \sec 3x$

写做 ⠀⠀⠀⠀⠀⠀

（二）如果三角函数的自变量是带有正、负号的数或字母，或者是一个代数和，则要用括号把自变量部分括起来

例如：$\cosec(-x)$

写做 ⠀⠀⠀⠀⠀⠀⠀⠀

$\sin(\alpha+\beta) = \sin\alpha \cdot \cos\beta + \cos\alpha \cdot \sin\beta$

写做 ⠀⠀⠀⠀⠀⠀⠀⠀⠀⠀⠀⠀⠀⠀⠀⠀

（三）如果三角函数的自变量是一个分式，或三角函数是某一分式的分子（分母），则要用开分式号（⠀）和闭分式号（⠀）将分式括起来

例如：$\cos\dfrac{\pi}{2}$

写做 ⠀⠀⠀⠀⠀⠀⠀⠀

$ctgx = \dfrac{\cos x}{\sin x}$

写做 ⠀⠀⠀⠀⠀⠀⠀⠀⠀⠀⠀⠀

$tg(x-y) = \dfrac{tgx - tgy}{1 + tgx \cdot tgy}$

写做 ⠀⠀⠀⠀⠀⠀⠀⠀⠀⠀⠀⠀⠀⠀⠀⠀

（四）如果三角函数是幂的底数，则有两种表示方法：其一是先写三角函数符号，再写幂指数，最后写三角函数的自变量；其二是把三角函数用括号括起来，在括号后面写幂指数号和幂指数

例如：$\sin^2\alpha = \dfrac{1}{2}(1 - \cos 2\alpha)$

写做 ⠀⠀⠀⠀⠀⠀⠀⠀⠀⠀⠀⠀⠀⠀

或 ⠀⠀⠀⠀⠀⠀⠀⠀⠀⠀⠀⠀⠀⠀⠀⠀

【即 $(\sin\alpha)^2 = \dfrac{1}{2}(1 - \cos 2\alpha)$】

（五）如果三角函数是幂的底数，并且函数自变量是一个分式，则在函数符号后，先写指数号和指数，再写自变量分式。一般情况下，分式要用开分式号和闭分式号括起来。但如果自变量分式前是降点位写的幂指数，则开分式号前要加分隔号(⠐)。

例如：$\cos^2 \dfrac{a+b}{2}$

写做　⠁⠀⠀⠀⠀⠀⠀⠀⠀⠀⠀

$\sin \dfrac{\beta}{2} = \pm \sqrt{\dfrac{1-\cos\beta}{2}}$

写做　⠁⠀⠀⠀⠀⠀⠀⠀⠀⠀⠀⠀⠀⠀⠀

十、对数符号

基本符号

1. ⠐⠇　（1246,123）　　　log ——任意底数的对数
2. ⠐⠇⠍　（1246,123,1245）　lg ——常用对数
3. ⠐⠇⠝　（1246,123,1345）　ln ——自然对数

（一）对数函数的书写方法是：先写对数函数符号，再写下指数符号、底数和指数结束符，最后写真数

例如：$\log_a x$

写做　⠁⠀⠀⠀⠀⠀

（二）如果底数是整数，则省略数号和指数结束符，将数字点位下移

例如：$\log_{100} 1000 = \dfrac{2}{3}$

写做　⠁⠀⠀⠀⠀⠀⠀⠀⠀⠀⠀

lg0.2=-0.69897

写做　⠁⠀⠀⠀⠀⠀⠀⠀⠀⠀⠀

ln8>2

写做　⠁⠀⠀⠀⠀

（三）如果底数是整数，真数是分式，则底数降点位写，并省去数号和指数结束符，但分式真数应按分式的规则书写，用开分式号和闭分式号括起来，并在开分式号前加分隔号(⠐)。

$\log_{100} \dfrac{x+y}{x-y}$

写做　⠁⠀⠀⠀⠀⠀⠀⠀⠀⠀⠀

十一、集合符号

基本符号

1. ⠰⠩　（5,246）　　∈　——属于
2. ⠐⠡　（45,246）　　∉　——不属于
3. ⠩　（12346）　　⊂　——包含于
4. ⠂⠩　（4,12346）　　⊄　——不包含于
5. ⠰　（1456）　　⊃　——包含
6. ⠂⠰　（4,1456）　　⊅　——不包含
7. ⠩⠱　（12346,2356）　　⊆　——包含于或重合
8. ⠰⠱　（1456,2356）　　⊇　——包含或重合
9. ⠂⠠　（4,356）　　∅　——空集
10. ⠰⠠　（56,356）　　∪　——并
11. ⠰⠢　（56,256）　　∩　——交
12. ⠰⠄　（56,36）　　\　——差号

（一）属于、包含于、包含符号在使用时，前后都要空方

例如：$x \in A$

写做　⠭　⠰⠩　⠁

$A \subset B$

写做　⠁　⠩　⠃

$B \supset A$

写做　⠃　⠰　⠁

（二）不属于、不包含于、不包含、包含或重合、包含于或重合、空集、差号等符号在使用时，前后均不空方

例如：$x \notin B$

写做　⠭⠐⠡⠃

$x \in A\backslash B$

写做　⠭⠰⠩⠁⠰⠄⠃

（三）在使用交、并符号时，前面要空一方

例如：$x\backslash(A \cup B)=\emptyset$

写做　⠭⠰⠄⠶⠁　⠰⠠⠃⠶⠶⠂⠠

十二、排列组合符号

基本符号

1. ⠠⠣　（6,1）　　A　——选排列

2. ⠿⠿　（6，1234）　P　——全排列

3. ⠿⠿　（6，14）　　C　——组合

4. ⠿⠿　（6，235）　!　——阶乘

（一）在使用选排列、组合符号时，一般先在符号后写其右下角指数，再写右上角指数，如果指数是一个字母或整数，指数结束符可以省略

例如：$A_n^k = \dfrac{n!}{(n-k)!}$

写做　⠿⠿　　⠿⠿⠿⠿　　⠿⠿⠿⠿　　⠿⠿⠿⠿

$$C_5^4 = \dfrac{5!}{4!(5-4)!}$$

写做　⠿⠿⠿⠿⠿　　⠿⠿⠿⠿　　⠿⠿⠿⠿
　　　⠿⠿⠿⠿

（二）全排列的表示方法是：先写全排列符号，再写右下角指数

例如：$P_n = n!$

写做　⠿⠿⠿⠿⠿　　⠿⠿⠿

第四节　物理符号基础

物理符号的使用规则有如下几个方面。

一、物理符号中的拉丁字母或希腊字母的字母号一般不能省略，应按字母的有关规则处理

例如：Hz（赫兹）

写做　⠿⠿⠿⠿

Ω（欧姆）

写做　⠿⠿

二、字母形式的物理符号如作为一个概念在文字中出现，前后都应空方。如符号写在阿拉伯数字的后面，表示一个确定的量（包括整数、小数、分数），则数字与符号之间不空方

例如：5Kg（五千克）

写做　⠿⠿⠿⠿⠿

3A（三安培）

写做　⠿⠿⠿⠿

三、列物理式时，数学符号的使用参照本书数学的有关规则处理

例如：F=ma（牛顿第二定律的公式）

写做　⠀⠠⠋⠐⠶⠰⠍⠁

四、如一物理量单位是另两个（或两个以上）物理量单位的乘积，书写时要用点乘号来表示其相乘的关系

例如：J=N·m（焦耳等于牛顿乘以米）

写做　⠠⠚⠐⠶⠠⠝⠐⠄⠍

五、物理量单位中的斜分式线用⠸⠌来表示，使用时前后不空格

例如：A/m²（每平方米安培）

写做　⠠⠁⠸⠌⠍⠘⠆

六、如物理量单位是以分式形式表示的，书写时要按分式规则处理，详见数学符号一节

例如：$\dfrac{m}{s}$（速度 V 的单位）

写做　⠹⠍⠌⠎⠼

第五节　化学符号基础

一、化学元素符号

基本符号

1. ⠠　（6）　——单个拉丁字母大写号
2. ⠰　（56）　——小写拉丁字母号
3. ⠤　（16）　——下指数号（左或右）
4. ⠜　（34）　——上指数号（左或右）
5. ⠼　（156）　——指数、标志结束符
6. ⠲　（46）　——上方标志号（左或右）

（一）化学元素符号代表元素的种类和元素的一个原子。元素符号中的第一个拉丁字母要大写，第二、三个字母要小写。大写拉丁字母前要加大写号，小写拉丁字母一般不加小写号

例如：C（碳元素）

写做　⠀⠀⠼⠝

　　　N（氮元素）

写做　⠀⠀⠼⠵⠝

　　　Zn（锌元素）

写做　⠀⠀⠼⠠⠁⠇

　　　Al（铝元素）

写做　⠀⠀⠼⠁⠇

（二）元素符号的左下指数是核素或同位素的数值，表示原子序数（质子数、核电荷数）；左上指数表示原子的质量数（质子数和中子数之和，或统称核子数）。书写时，指数前要加指数方向符，并降点位写指数，指数结束符可以省略

例如：$^{12}_{6}C$（碳12核素或同位素）

写做　⠀⠀⠼⠼⠁⠃⠼⠼⠋⠉

（三）元素的离子是表示带有正、负电荷的原子。离子一般是在元素符号的右上角用阿拉伯数字及正、负号表示。书写时应先写元素符号，再写右上方标志方向符，然后写数字及正、负号。如果正号前是数字，则要在正号前加分隔号（⠠）

例如：Ca^{2+}（钙离子）

写做　⠀⠀⠼⠉⠁⠔⠼⠃⠖

　　　Al^{3+}（铝离子）

写做　⠀⠀⠼⠠⠁⠇⠔⠼⠉⠠⠖

　　　Cl^-（氯离子）

写做　⠀⠀⠼⠉⠇⠔⠤

　　　S^{2-}（硫离子）

写做　⠀⠀⠼⠎⠔⠼⠃⠤

（四）元素化合价一般是写在元素符号的正上方。书写时应先写元素符号和正上方指数号，再写正、负号和阿拉伯数字，然后写结束符。如不发生混淆，结束符可省略。

例如：$\overset{+2}{Ca}$（正二价钙）

写做　⠀⠀⠼⠉⠁⠬⠖⠼⠃⠼⠄

　　　$\overset{-2}{S}$（负二价硫）

写做　⠀⠀⠼⠎⠬⠤⠼⠃⠼⠄

（五）元素的原子序数、质量数、电离状态及原子数目的书写顺序是：左下角指数（原子序数）、左上角指数（质量数）、元素符号、右下角指数（原子个数）、右上角标志（离子的电荷数）。

例如：$_{16}^{32}S^{2-}$（原子序数为 16，质量数为 32 的硫原子带两个单位负电荷）

写做　⠀⠀⠀⠀⠀⠀⠀⠀⠀⠀⠀⠀

二、化学式

基本符号

⠨（456）——连续拉丁字母大写号

（一）单质的化学式是由元素符号和表示分子内原子个数的右下角指数组成的，书写时一般不写指数方向符和数号，而直接降点位写数

例如：O_2（氧气的化学式）

写做　⠀⠀⠀

P_4（白磷的化学式）

写做　⠀⠀⠀

（二）如果化合物的化学式是由多个大写拉丁字母组成，则可在第一个字母前加连续拉丁字母大写号，其余字母的大写号可省略

例如：CO（一氧化碳）

写做　⠀⠀⠀

HCOOH（甲酸）

写做　⠀⠀⠀⠀⠀⠀

（三）在化学式中如果连续多个大写字母后跟有一个小写字母，这个小写字母与最后一个大写字母组成一个元素符号，则小写字母前的大写字母应加单个拉丁字母大写号

例如：HCOONa（甲酸钠）

写做　⠀⠀⠀⠀⠀⠀⠀

HCl（氯化氢）

写做　⠀⠀⠀

（四）在化学式中右下指数表示某元素的原子个数，如果右下指数是整数，则一般不写指数方向符和结束符，应将指数直接写在元素符号或用括号括起来的元素符号组的后面，并降点位写数

例如：H_2SO_4（硫酸）

写做　⠀⠀⠀⠀⠀⠀

$Al_2(SO_4)_3$（硫酸铝）

写做 ⠠⠁⠇⠰⠃⠠⠎⠠⠕⠰⠙⠰⠉⠰⠚

C_nH_{2n+2}（烷烃的通式）

写做 ⠠⠉⠰⠝⠠⠓⠰⠃⠰⠝⠬⠃

（五）组成电价化合物中的带电的原子团部分成为某离子或某根离子，它是在原子团的右上角用数字和正、负号表示的。书写时，一般先写原子团元素，再写右上方标志符号，然后写根离子数和标志结束符。如不发生混淆，标志结束符也可省略

例如：OH^-（氢氧根离子）

写做 ⠠⠕⠠⠓⠈⠤⠐

NH_4^+（铵根离子）

写做 ⠠⠝⠠⠓⠰⠙⠈⠬

HPO_4^{2-}（磷酸一氢根离子）

写做 ⠠⠓⠠⠏⠠⠕⠰⠙⠈⠃⠤⠐

三、化学方程式

基本符号

1. ⠰⠢⠼ （56,34）   ↑ ——上箭头
2. ⠸⠆⠆ （45,16）   ↓ ——下箭头
3. ⠸⠖⠶ （25,135）   → ——水平右箭头
4. ⠳⠶   （246,25）   ← ——水平左箭头
5. ⠴⠿⠆ （6,2356,2） ⇌ ——水平双箭头（上右,下左）
6. ⠢⠿⠒ （5,2356,3） ⇋ ——水平双箭头（上左,下右）
7. ⠳⠮   （456,256）   △ ——加热

（一）上箭头、下箭头符号在化学方程式中分别表示化学生成物的气化和沉淀，使用时一般直接写在化学式的后面

例如：$Fe+2HCl=FeCl_2+H_2\uparrow$

写做 ⠠⠋⠑⠬⠆⠠⠓⠠⠉⠇⠶⠠⠋⠑⠠⠉⠇⠰⠃⠬⠠⠓⠰⠃⠰⠢

$CuSO_4+2NaOH=Na_2SO_4+Cu(OH)_2\downarrow$

写做 ⠠⠉⠥⠠⠎⠠⠕⠰⠙⠬⠆⠠⠝⠁⠠⠕⠠⠓⠶⠠⠝⠁⠰⠃⠠⠎⠠⠕⠰⠙⠬⠠⠉⠥⠦⠠⠕⠠⠓⠴⠰⠃⠸⠆

(二)水平右箭头、水平左箭头符号用来表示化学反应的方向,使用时前面要空一方

例如:Zn+H₂SO₄⟶H₂↑+ZnSO₄

写做 （盲文点字）

(三)水平双箭头符号用来表示化学的可逆反应,使用时前后不空方

例如:N₂+3H₂⇌2NH₃

写做 （盲文点字）

(四)在化学方程式中,如果箭头或等号的上方或下方是字母或表达式,则先写箭头或等号,再写正上方或正下方指数方向符,然后写字母或表达式以及指数结束符;如果箭头或等号的上方或下方是符号标记,则要使用标志方向符和结束符,写法同上

例如:2Cu(OH)₂+CH₃CHO $\xrightarrow{\triangle}$ Cu₂O↓+2H₂O+CH₃COOH

写做 （盲文点字）

Fe₂O₃+3C $\xrightarrow{1500℃}$ 2Fe+3CO↑

写做 （盲文点字）

(五)如果箭头或等号的上方或下方都有指数或标记,则按先上后下的顺序书写;如果文字前要加文字号,结束符前要加分隔号,其写法同上

例如:PbO₂+Pb+2H₂SO₄ $\underset{充电}{\overset{放电}{\rightleftharpoons}}$ 2PbSO₄+2H₂O(铅蓄电池的充、放电反应)

写做 （盲文点字）

NaCl+H₂O $\xrightarrow{电解}$ NaOH+H₂↑+Cl₂↑

写做 （盲文点字）

思考题

1.用盲文翻译下列数学表达式。

(1)$x:y=4a:5b$

(2)$-5<m+n\leq 5$

(3) $a^{-\frac{1}{5}} = \dfrac{1}{\sqrt[5]{a}}$

(4) $\sqrt[x+y]{x} + y$

(5) $x + y = \dfrac{-3}{2a+b}$

(6) $\sin\dfrac{\beta}{2} = \pm\sqrt{\dfrac{1-\cos\beta}{2}}$

(7) $\dfrac{3}{3+\dfrac{2}{3+\dfrac{3}{4a}}}$

2.用盲文计算下列各式。

(1) $(0.75 \div 3 - 0.1) \times (1 - \dfrac{1}{3})$

(2) $8.1 \div [(4\dfrac{1}{7} - 0.005 \times 700) \div 1\dfrac{2}{7}]$

(3) $\dfrac{\dfrac{1}{4} + \dfrac{1}{4}}{1 - \dfrac{3}{4} \times \dfrac{2}{5}}$

(4) $\dfrac{(1 - \dfrac{1}{3}) \times 2\dfrac{1}{4}}{(1 + \dfrac{1}{3} \div \dfrac{4}{9})}$

(5) $\sqrt[3]{18 - (5 \times 2)} - 3$

3.用盲文翻译下列内容。

一列长为360m火车匀速穿过一条长1800m的隧道,测得火车完全通过隧道需时108s。求:(1)火车的运行速度;(2)火车全部在隧道内运行的时间。

解:(1) $S_1 = 1800\text{m} + 360\text{m} = 2160\text{m}$

火车的运行速度为:

$v = \dfrac{S_1}{t_1} = \dfrac{2160\text{m}}{108\text{s}} = 20\text{m/s}$

(2) $S_2 = 1800\text{m} - 360\text{m} = 1440\text{m}$

$t_2 = \dfrac{S_2}{v} = \dfrac{1440\text{m}}{20\text{m/s}} = 72\text{s}$

4.用盲文翻译下列内容。

(1) 乙醇：CH_3CH_2OH

(2) 炔烃：C_nH_{2n-2}

(3) 纤维素：$(C_6H_{10}O_5)_n$

(4) 氧化铜：$\overset{+2\ -2}{Cu}O$

5. 用盲文正确书写下列方程式。

(1) $Al + NaOH + H_2O \longrightarrow NaAlO_2 + H_2\uparrow + H_2O$

(2) $Fe_3O_4 + CO \xrightarrow{\text{高温}} 3FeO + CO_2$

(3) $Ca(OH)_2 + CO_2 \longrightarrow CaCO_3\downarrow + H_2O$

第五章 计算机符号

第一节 基本符号

一、字母

电脑代码中26个拉丁字母的写法与普通英文书中的完全相同，但小写字母前不加字母号，大写字母前要加大写字母号"⠠（456）"。

表 5-1 字母符号表

a	b	c	d	e	f	g	h	i	j
⠁	⠃	⠉	⠙	⠑	⠋	⠛	⠓	⠊	⠚
k	l	m	n	o	p	q	r	s	t
⠅	⠇	⠍	⠝	⠕	⠏	⠟	⠗	⠎	⠞
u	v	x	y	z					w
⠥	⠧	⠭	⠽	⠵					⠺

电脑代码中的字母只代表字母本身，不代表任何缩写形式和其他符号。例如：电脑代码"⠃（12）"只代表字母b，而不代表but的整体缩写。

二、数字

电脑代码中的数字一律不加数号，降位书写。

⠂ ⠆ ⠒ ⠲ ⠢ ⠖ ⠶ ⠦ ⠔ ⠴
1　2　3　4　5　6　7　8　9　0

例：5 写做 ⠢

02115 写做 ⠴⠆⠂⠂⠢

降位数字可以与字母连写。

例：b52 写做 ⠃⠢⠆

43rd 写做 ⠲⠒⠗⠙

99th 写做 ⠔⠔⠞⠓

三、常用标点符号

电脑代码中的常用标点符号与普通标点符号用法不同。

1. ⠨ （46）　　句号（圆点）
2. ⠂ （6）　　　逗号
3. ⠒ （156）　　冒号
4. ⠹ （1456）　问号
5. ⠴ （146）　　百分号
6. ⠄ （3）　　　单引号（略字号）
7. ⠐ （5）　　　双引号
8. ⠿ （12356）　开圆括号
9. ⠽ （23456）　闭圆括号

符号1、3、6、7前后不空；符号2、4、5、9前不空后空一方；符号8前空后不空方。

四、字母号及数字参照符

1. ⠰ （456）　　　　　大写字母号及数字参照符
2. ⠰⠔ （456，345）　连续大写开始符
3. ⠰⠤ （456，126）　连续大写结束符

字母前加有"⠰（456）"时，表明该字母为大写字母；单个降位数字前的"⠰"为数字参照符，后面为降位数字。

例1：A 写做　　⠰⠁

例2：1&2&6 写做　　⠰⠂⠜⠰⠆⠜⠰⠒

连续几个大写字母，需在第一个字母前加连续大写开始符"⠰⠔"，后面的空方表示大写结束。若连续大写字母后紧接有小写字母（中间无空方），则需在最后一个大写字母后加连续大写结束符"⠰⠤"。

例1：WP　myfile 写做　　⠰⠔⠺⠏ ⠍⠽⠋⠊⠇⠑

例2：XPword 写做　　⠰⠔⠭⠏⠰⠤⠺⠕⠗⠙

第二节　指示符号

一、电脑代码指示符

1. ⠰⠤ （456，346）　电脑代码开始符
2. ⠰⠒ （456，156）　电脑代码结束符

在书写电脑指令、程序或网址时，为避免与其他文字混淆，前面需加电脑代码开始符"⠿⠿"，后面需加电脑代码结束符"⠿⠿"。

例1：打开注册表编辑器的方法是在运行输入框中键入reedit盲文写做 ⠿⠿⠗⠑⠑⠙⠊⠞⠿⠿

例2：中国盲文出版社的网址是：www.cn-bp.com盲文写做 ⠿⠿⠺⠺⠺⠲⠉⠝⠤⠃⠏⠲⠉⠕⠍⠿⠿

二、斜体指示符

1. ⠿⠿ （456，16） 斜体开始符
2. ⠿⠿ （456，34） 斜体结束符

在某些电脑指令中出现的表示强调意义的斜体字，前后应加斜体开始符和斜体结束符。

例：c:/dir写做 ⠿⠿⠿⠿⠿⠿⠿⠿ （该例中dir即为应键入电脑的指令）

三、图形指示符

1. ⠿⠿ （456，1246） 图形开始符
2. ⠿⠿ （456，156） 图形结束符
3. ⠿⠿ （456，2346） 图形重复符（1）
4. ⠿⠿ （456，46） 图形重复符（2）

用字母或文字表示电脑图标或图形时，前后应加图形开始符和图形结束符。中文文字前需加第四点文字号。

例：房子的图形 写做 ⠿⠿⠿⠿⠿ 或 ⠿⠿⠿⠿⠿⠿

电脑图形重复出现时，为节省篇幅，可使用图形重复符代表该图形。

例：F1 return图形F2 return图形F3 return图形 写做
⠿⠿⠿⠿⠿⠿⠿⠿⠿⠿⠿⠿⠿⠿

四、数学代码指示符

1. ⠿⠿ （456，146） 数学代码开始符
2. ⠿⠿ （456，156） 数学代码结束符

为避免混淆，电脑代码中的数学表达式前后应加数学代码开始符和结束符。

五、其他代码符号

1. ⠿⠿ （456，12346） 换行符

2. ⠼⠙⠑⠋ （456，123456，123456） 空格符

有些较长的代码一行写不下，需在行末加换行符"⠐⠆"，表示下一行内容是上行内容的继续。

在电脑代码中若出现5个或5个以上具有特定意义的空格时，可用空格符表示。空格符"⠐⠲⠂"前后空方，代表5个空格。多一个空格，则增加一个六点符"⠿"。

例：bytes in⠀⠀⠀⠀⠀⠀bytes out

写做：⠃⠽⠞⠑⠎ ⠐⠲⠂⠿ ⠃⠽⠞⠑⠎ ⠕⠥⠞

（该例中"⠐⠲⠂⠿"表示中间有6个空格）

六、键盘符号

1. ⠫　　（2346）　　叹号
2. ⠐　　（5）　　双引号
3. ⠼　　（3456）　　井号
4. ⠳　　（1246）　　美圆
5. ⠨　　（146）　　百分号
6. ⠯　　（12346）　　和号
7. ⠄　　（3）　　单引号（略字号）
8. ⠷　　（12356）　　开圆括号
9. ⠾　　（23456）　　闭圆括号
10. ⠂　　（16）　　星号
11. ⠬　　（346）　　加号
12. ⠠　　（6）　　逗号
13. ⠤　　（36）　　减号（连号）
14. ⠨　　（46）　　句号（圆点）
15. ⠌　　（34）　　斜线
16. ⠱　　（156）　　冒号
17. ⠰　　（56）　　分号
18. ⠣　　（126）　　小于号
19. ⠿　　（123456）　　等号
20. ⠬　　（345）　　大于号
21. ⠹　　（1456）　　问号
22. ⠈　　（4）　　@
23. ⠦　　（246）　　开中括号
24. ⠳　　（1256）　　反斜线

25. ⠿　（12456）　　闭中括号
26. ⠨⠴　（45）　　上尖顶
27. ⠸⠸　（456 456）　　下划线
28. ⠸⠁　（456 4）　　单撇号
29. ⠸⠦　（456 246）　　开大括号
30. ⠸⠳　（456 1256）　　双竖线
31. ⠸⠿　（456 12456）　　闭大括号
32. ⠸⠴　（456 45）　　波浪号

键盘符号中,符号1、4、5、9、12、17、21、25、31前不空后空一方;符号8、23、29前空后不空方;符号3、6前后空方;符号2、7、10、11、13、14、15、16、18、19、20、22、24、26、27、30、32前后不空方。

思考题

1.用电脑代码符号写出你所熟悉的三个网站网址。
2.写出下列常用的键盘符号:
井号　星号　加号　圈a　圆点
斜线　百分号　叹号　双引号　等号
3.用图形指示符,写出三角形的盲文书写形式。

第六章 常用盲文音乐符号

第一节 盲文音乐符号的发展概况

一、世界上盲文音乐符号的产生和发展

国际上通用的盲文音乐符号是法国盲人路易·布莱尔创造的。在布莱尔盲文音乐符号诞生之前,有人曾试图采用凸起的字母、阿拉伯数字和类似明眼人用的五线谱符号等方式教盲人书写记录曲谱,但经过实践,这种记谱法,盲人不仅难以摸读辨认,而且根本无法书写,因此没有推广使用。

1824年,布莱尔借鉴巴比埃的"夜文"创造出了六点制的布莱尔盲字体系后,在进一步完善盲字方案的同时,结合自己酷爱音乐,擅长钢琴、风琴和大提琴演奏的天赋,利用六点制盲文编排出了一套书写曲谱的盲文音乐符号。这一成果,他于1829年在题为《利用凸点记录语言、数学、音乐和无伴奏齐唱》的论文中向世人披露,但具体方案没有向世人公布。同年,布莱尔用自己设计的盲文出版了《盲人用凸点书写点字歌词和歌谱的方法》一书。1834年,布莱尔再次重新调整、修改了自己设计的盲文音乐符号方案,1837年该方案正式定稿并得以出版,从此布莱尔盲文音乐符号便在法国盲人中普遍推广应用。

由于布莱尔盲文音乐符号容易摸读,书写方便,很快便被世界各国接受和采用。1871年,英国博士阿米特奇根据布莱尔盲文资料,编辑出版了《布莱尔字母和音乐记谱法的基本要点》一书。继后,德国、丹麦等国家也先后出版了介绍布莱尔盲文及其音乐符号的读物。

然而,由于各国语言不同,情况各异,布莱尔盲文音乐符号在译介过程中出现了差异,为解决这一问题,有关国家多次组织召开国际会议,研究统一全世界盲人共同使用的盲文音乐符号。

1888年,由法国、英国、德国、丹麦等国组成的国际音乐委员会,在德国科隆召开了第一次国际盲文音乐符号会议。这次会议确认和统一了一系列盲文音乐符号,统称为"科隆盲文音乐符号"。这套盲文音乐符号绝大多数沿用至今,没有改变。会议还拟定了音组号、双写法、音符分组记法的使用规则。同时规定:键盘乐器的右手部分和高声部乐器的记谱,音程号由上往下计算度数;而左手部分和低声部乐器的记谱,音程号由下往上计算度数等。

科隆会议有力地推动了盲人音乐及其教学的发展,盲文版音乐读物在一些国家纷纷译印出版。在此过程中,人们越来越感到已有的国际统一的盲文音乐符号不敷实际使用,于是,一些国家便各行其是,制定了不少新的供本国使用的音乐符号。至此,国际间统一使用的盲文音乐符号再次出现差异。

1927年,美国出版机构的乔治·拉凡拉特竭力再度统一各国的盲文音乐符号,主动联络欧美各国的盲文乐理专家,经过两年的酝酿和筹备,在他的主持下,于1929年4月20日在巴黎召开了第二次国际盲文音乐符号会议。参加会议的代表有法、意、英、德、美等国家的盲文乐理专家。欧洲和南美洲有九个国家虽未派员赴会,但都明确表示愿意执行这次会议的决议。

巴黎会议的中心议题是解决音乐符号的标准化问题,并一致通过了一些新的盲文音乐符号。同时还拟定了谱表号、原译本页、行记号、换页号、五线谱8VA指示号(移动八度记号)。这些符号的制定,有利于盲人读者了解普通文字音乐读物,有利于明、盲之间的音乐教学与交流。

在高音乐器、键盘乐器右手部分音程号计算和低音数字记谱法研讨中,与会代表产生了意见分歧。美国代表不同意高音乐器和键盘乐器右手部分音程号由上往下计算度数,而主张与低音部乐器相同,即由下往上计算度数。这一主张虽未获得认可,但美国1929至1954年间出版的琴谱,高音部分音程号均由下往上计算度数。低音数字记谱法论争激烈,始终未能达成一致的意见,至今这部分符号国际间仍未取得完全统一。

1949年至1951年间,联合国教科文组织为统一世界盲文音乐符号做了大量富有成效的工作,与世界盲人联合会、世界盲人福利合作会,于1954年7月下旬在法国巴黎召开了为期8天的第三次国际盲文音乐符号会议。有19个国家派代表参加了这次会议。

继前两次国际会议之后,这次会议在统一盲文版式和音乐符号等方面又迈进了一大步。音乐平行对节记谱法获得与会代表普遍认同,同时主张逐节记谱法、分段记谱法仍可继续采用。高音部音程号使用法经过再次讨论后取得一致意见,音程统一由上往下计算度数。会议强调,出版音乐读物必须重视准确性,译印乐谱要准确反映出每一个细节。为此,还增加了五线谱上方或下方的方括号和特殊的装饰滑音等一些新的盲文音乐符号。

1956年,《国际盲文乐谱记谱手册》正式出版,这是国际盲文音乐符号统一的重要标志。此后,盲文音乐符号在实际运用中,仍在不断改进,不断完善。直到1992年12月,法国、英国等14个国家仍召开盲文音乐符号专题会,研讨盲文音乐符号的国际性规范化问题。迄今已形成了一套比较成熟、完整和统一的盲文音乐符号。

二、我国盲文音乐符号的发展

目前，我国盲人使用的记录音乐曲谱的符号，是国际统一的盲文音乐符号。盲文音乐符号何时传入我国，确切时间现已无法查考，大约是在1874年我国第一所盲校——北京盲校成立之后不久传入我国。20世纪30年代初，上海盲童学校出版了盲人王湘源博士根据1929年第二次国际盲文音乐符号会议通过的文件编译的《协定盲字乐典》，这是我国第一本系统介绍布莱尔盲文音乐符号的工具书，这本书一直沿用到50年代初。

布莱尔盲文音乐符号只是设计了国际间盲人共用的音乐符号，至于各国的民族音乐符号，还得由各国自己的专家、学者根据本民族器乐的特点另外专门设计、拟定。1949年之前，我国没有自己的盲文民族器乐符号，新中国成立后，由于党和政府的重视，民族器乐不断挖掘和使用，盲人使用盲文民族器乐符号的需求也日趋强烈。从20世纪50年代开始，我国已经有不少盲人使用自己创编的盲文民族器乐符号。50年代，上海盲人严少章先生结合自己的演奏经验，创编了一些琵琶的音乐符号；1965年，北京盲人陈水木先生编写了一本《盲字乐谱的读法和记法》，书中介绍了二胡演奏的部分符号；1980年，上海盲人周家其先生编写了《盲字乐理基础知识》一书，书中也介绍了二胡和琵琶的部分符号；1987年中国盲文出版社编辑出版了《民族乐器传统独奏曲选集——笛子专辑》，书中拟定了部分笛子符号。即便如此，这些书中所涉及的乐器品种毕竟太少，符号也有限，远远不能满足实际的需要。一些民族乐器的曲谱不能准确地译成盲文，高深层次的曲谱更难以译成盲文出版，给民族器乐的教学、演奏和交流带来诸多困难。因而许多盲人音乐爱好者，不得不自行创造一些代号和标记抄写乐曲，从而形成了不通用、不规范、不完备的混乱局面。

盲人擅乐，我国盲人更酷爱民族音乐。从古到今，在中华民族绚丽璀璨的音乐熏陶下，民间出现过不少才华出众的盲人音乐家和器乐演奏家。为了满足广大盲人音乐爱好者学习和掌握各民族乐器的需要，为了解决出版民族器乐曲谱的困难，编撰一套科学、完善的盲文器乐符号已势在必行。1988年以来，中国残疾人联合会宣教部、中国盲人协会邀请了从事盲人教育、盲文出版以及文艺工作等方面的专家、学者，召开了四次较大范围的盲文民族器乐符号研讨会，针对过去各地使用的盲文民族器乐符号不规范、不统一、不完备等问题，集思广益，进行了深入广泛的学术研究和探讨，并编撰出版了统一使用的中国盲文民族器乐符号。

1988年11月，在北京京丰宾馆召开了第一次研讨会。与会人员一致认为，编撰和设计一套中国盲文民族器乐符号是必要的、可行的，并确定了先收集、整理有关资料,再草拟民族音乐符号的初稿的近期工作内容。

1989年2月,在中国盲文出版社召开了第二次研讨会。会议确定了编审委员会,并拟定了以下五条盲文民族器乐符号的设计原则。

一是力求国际化,即民族乐器的某个演奏技法如与西洋乐器相同或近似,一般直接引用或借鉴西洋乐器符号。

二是对过去使用的、并在实践中证明是可行的盲文音乐符号,尽量予以肯定和沿用。

三是不同乐器的某种演奏方法和效果如相同或近似,则尽量采用相同或近似的符号,以求统一规范。

四是新设计盲文音乐符号力求省点省方,相互会意,便于读写和记忆。某一乐器的各种演奏方法中,如有某些相似的技巧和方法,则用一个特定的符号加以表示,以求符形安排的系列化。

五是部分非乐音和模拟音的记法,一般在音乐字号后加文字词头表示。

根据以上五条原则,结合大量国内外明、盲音乐资料,特别是中央音乐学院、中国民族音乐学院的资料,编写人员草拟了二胡、琵琶等具体八种具有代表性的民族器乐符号。

1989年7月,在北京卢沟桥宾馆召开了第三次扩大的盲文民族器乐符号研讨会。会议邀请了上海、天津、唐山、张家口等地的专家、音乐老师,对民族乐符号的草稿进行了认真讨论。与会代表基本肯定了设计符号的五条原则和绝大多数符号,并修改、补充了一些新符号。会议建议出版一本明、盲符号的对照集,以便出版和教学查考。会后,编写人员根据代表们的意见和建议,对草稿进行了修改和补充,拟定出了盲文民族器乐符号的第二稿。

1989年11月,在中国盲文书社召开了第四次研讨会。会议特别邀请了中国音乐家协会的王民基、王光钰两位专家到会指导,征求意见。两位专家肯定了盲文民族器乐符号,认为该符号系统设计得准确、全面、规范,并向会议提供了一些很有价值的资料。会后,根据专家们的指点和建议,根据我国民族民间的传统习惯和民族音乐实际发展和补充的现状,编写人员重新编辑了符号内容,把盲文民族器乐符号分为拉弦乐、弹拨乐、吹管乐、打击乐等四类,每一类按乐器的演奏方法的共性和个性又分别加以罗列。每个符号包括:明文符号、盲字符号、符号定义和演奏方法等四项内容。全部符号共405个,包括了10几种常用民族乐器。

为了将该套符号真正变成适合盲人学习和掌握民族器乐的工具,编写人员在第三稿的基础上增加了编写说明、常用民族乐器简介、民族乐器的分类表和部分民族乐器音域表等项内容,并将该稿正式定名为《中国盲文民族器乐符号集成》,于1989年12月向社会推出。它的面世,填补了我国盲文民族器乐符号的空白,标志着我国盲文民族器乐符号的成熟、规范和统一,为丰富和发展译印、出版民族器乐曲目创造了有利条件,对盲人民族音乐的教育起着良好的推动作用,并且为盲人音乐工作者提供了一套记谱、创作、演奏、演出和研究的标准,同时也有利于中外盲人音乐文化的传播和交流。

这套盲文民族器乐符号于1990年12月在香港召开的第二届中国大陆、香港、台湾点字研讨会上被审定通过,并决定将其作为三方共同使用的统一方案。

1992年8月17日~23日,在北京召开的民间第三届中国大陆、香港、台湾汉语点字研讨会上,盲文民族器乐符号获得与会代表的一致好评,并决定在中国盲文书社、北京盲人学校、北京盲人艺术团以及台湾的台中启明学校作为这套符号的试用单位,逐步推广实行。

第二节　基本符号

一、音符

1. 基本音符

   do　re　mi　fa　sol　la　si

2. 全音符　由基本音符在同一方内加3、6点组成。

   1---　2---　3---　4---　5---　6---　7---

3. 二分音符　由基本音符在同一方内加第3点组成。

   1—　2—　3—　4—　5—　6—　7—

4. 四分音符　由基本音符在同一方内加第6点组成。

   1　2　3　4　5　6　7

5. 八分音符　只写基本音符。

   例如:1　　5

6. 十六分音符　与全音符写法相同。

   例如:2　　3

7. 三十二分音符　与二分音符写法相同。

   例如:4　　6

8. 六十四分音符　与四分音符写法相同。

例如：7⠿　1⠿

9. 一百二十八分音符　与八分音符写法相同。

例如：3⠿　5⠿

10. 音符时值区分号（分点号）　⠿⠿（126,2）

在一般情况下，写法相同而时值不同的音符不会发生混淆；必要的时候，可以使用音符时值区分号。

例如：⠿⠿⠿ $\frac{4}{4}$

⠿⠿⠿⠿⠿⠿⠿

<u>6 5 4 3 5 4 3 2</u>　1 —

（三十二分音符后面出现二分音符）

在不完全小节开始的乐谱里，如果第一小节只有一个十六分音符的时候，它的前面也要加音符时值区分号。

（1）长时值区分号⠿⠿⠿（45,126,2）

（2）短时值区分号⠿⠿⠿（6,126,2）

在自由拍乐谱中，写法相同而时值不同的音符相遇时，为了区分不同长短时值的音符，用长时值区分号表示后面音符为长时值音符；用短时值区分号表示后面音符为短时值音符。

11. 音符简写法（音符分组记法）时值较短的音符，可以使用简写法。

（1）在四分音符为一拍的节拍里，每拍的四个十六分音符，第一个按规定写法，其余三个可写成八分音符。但在八分音符之前，或者不在一拍里的十六分音符，不能简写。

例如：⠿⠿⠿ $\frac{4}{4}$

⠿⠿⠿⠿⠿⠿⠿⠿

<u>1 2 3 4</u>　<u>5 4 3 2</u>　<u>1 5 3 5</u>　<u>4 2 3 4</u>

（2）在八分音符为一拍的节拍里，三十二分音符可以使用这种简写法。但一百二十八分音符不能简写，因为它与八分音符写法相同。

例如：⠿⠿⠿ $\frac{3}{8}$

⠿⠿⠿⠿⠿⠿

<u>3 4 5 3</u>　<u>1 2 3</u>　<u>1 2 3 4 2</u>

（3）在附点音符（一拍半）为一拍的节拍里，可以用六个十六分音符为一组简写。

例如：⠿⠿⠿ $\frac{6}{8}$

⠿⠿⠿⠿⠿⠿⠿

<u>3 2 3 1 2 3</u>　<u>4 3 4 2 3 4</u>

如果是三十二分音符,则仍可用四个为一组简写。
(4)遇有休止符时,不能简写。

二、附点

1. 附点 ⠿(3)

加附点的音符实际拍数为延长本音符1/2的时值。

例如:⠿⠿1·(唱或奏$1\frac{1}{2}$拍)

2. 复附点 ⠿⠿(3,3)

加复附点的音符实际拍数为延本音符3/4的时值。

例如:⠿⠿⠿5··(唱或奏$1\frac{3}{4}$拍)

三、休止符

1. 全休止符 0000 ⠿(134)
2. 二分休止符 00 ⠿(136)
3. 四分休止符 0 ⠿(1236)
4. 八分休止符 0 ⠿(1346)
5. 十六分休止符 0 与全休止符写法相同。
6. 三十二分休止符 0 与二分休止符写法相同。
7. 六十四分休止符 0 与四分休止符写法相同。
8. 一百二十分休止符 0 与八分休止符写法相同。
9. 如果是整小节的休止,无论是几分休止,都可以使用全休止符。

四、小节

1. 小节线号 | ⠿(123)

在盲文乐谱中,一般用空一方表示小节线;在逐节记谱法中,用小节线号表示节线。

2. 虚小节线号 | ⠿(13)

在自由拍乐谱中,用虚小节线号表示虚小节线。

3. 小节未完号(乐谱连接号) ⠿(5)

一小节里的音符,分做两行书写的时候,在第一行的末尾要用第五点表示小节未完。

例如:《牧童谣》

$1=^bE$ $\frac{4}{4}$

4. 全曲结束号(终止号)‖ ⠀⠀（126，13）

全曲结束的时候，使用全曲结束号。如上例《牧童谣》。

5. 乐段结束号(半终止号)‖ ⠀⠀（126，13，3）乐段结束时，使用乐段结束号。

五、拍号

拍号一般用盲文的分数表示。常用的如：

1. 四二拍 $\frac{2}{4}$　⠀⠀
2. 四三拍 $\frac{3}{4}$　⠀⠀
3. 四四拍 $\frac{4}{4}$　⠀⠀（也可用 ⠀⠀ 表示）
4. 八三拍 $\frac{3}{8}$　⠀⠀
5. 八六拍 $\frac{6}{8}$　⠀⠀
6. 二二拍 $\frac{2}{2}$　⠀⠀（也可用 ⠀⠀ 表示）

六、变化音记号(临时记号)

（一）变化音记号的写法

1. 升号 #　⠀（146）
2. 重升号 X　⠀⠀（146，146）
3. 降号 ♭　⠀（126）
4. 重降号 ♭♭　⠀⠀（126，126）
5. 还原号 ♮　⠀（16）

（二）变化音记号的用法

1. 升号、降号写在音符前面，表示临时升、降半音。每个升、降号，在一小节内时同音名音有效；当同一小节该音不升降的时候，要在该音符之前加还原号

例如：⠀⠀⠀ $\frac{4}{4}$

　　7　5　5　$^\#$4　5　$^\natural$4　3

2. 音名前面加升降号表示调

七、调号

用来表示乐曲高的符号叫调号。调号通过七个音名以及升降号表示固定和音高。

例如：1=C　⠀⠀⠀

1=G ⠩⠼⠡

1=#F ⠩⠼⠩⠡

1=♭B ⠣⠼⠣

音名与音符结照如下表（音名用大写拉丁字母书写）。

音名	音符	唱名
C	⠙	do
D	⠑	re
E	⠋	mi
F	⠛	fa
G	⠓	sol
A	⠊	la
B	⠚	si

固定调记谱法的调号，用拍号前加的升、降号表示。

八、音组符号

乐音体系中有七个独立名称的音级，称为基本音级。这七个基本音级分别用英文字母CDEFGAB来标记，称为音名。七个基本音级在音列中是循环重复的，第一级音和第八级音，它们的音名相同，但是音的高度不同，构成了八度关系。由于音名在音列中重复出现，因此，将音列区分为音组。

（一）音组符号的写法

1. 大字二组 5⠈⠈（最低音音组号）（4,4）
2. 大字一组 5⠈（更低音音组号）（4）
3. 大字组 5⠘（低低音音组号）（45）
4. 小字组 5⠸（低音音组号）（456）
5. 小字一组 5⠐（中音音组号）（5）
6. 小字二组 5⠰（高音音组号）（46）
7. 小字三组 5⠠（高高音音组号）（56）
8. 小字四组 5⠠⠐（更高音音组号）（6）
9. 小字五组 5⠠⠰（最高音音组号）（6,6）

（二）音组符号的用法

1. 乐谱或乐段的第一个音符前面必须加音组号，音组号和音符之间不能间隔其他符号

2. 同音组两个相邻的音符，在五度之内的，不加音组号；在六度或六度以上的，在加音组号

例如：⠀⠀⠀⠀⠀ ⁴⁄₄

　　　2 2 1 6 | 2-2- | 6 5 1 6 | 3 3 3-‖

3. 不同音组的两个相邻音符，在三度之内的，不加音组号；在四度或四度以上的，在加音组号

例如：《咱们从小讲礼貌》

1=D　　²⁄₄

5 1̇ 5 | 3 4 5 | 6 5 3 | 1 3 2 | 6 6̇ 1̇ | 2·3̇ |

5 5 6 5 | 3 0 2 0 | 1- | 5 1̇ | 3 4 5 | 6 6 5 0 | 5 1̇ |

3 4 5 | 6 6 5 0 | 6 5 | 3 1 | 3 2 0 | 1̇ 5 | 5

3·4 | 5 0 | 6 5 3 1 | 2 2 2 | 6 1 2 5 | 3 1 2 |

1- | 1 0 0 ‖

九、连线

（一）连线符号的写法

1. 同音连线（延音线）　⠀⠀（14，14）
2. 连线（弧线）　⠀（14）
3. 大连线　⠀⠀（14，14……14）
4. 复连线　⠀⠀（46，14）
5. 乐句弧线　⠀　⠀（56，12 ……45，23）

（二）连线符号的用法

1. 连接相同音高的音符，使用同音连线。如《咱们从小讲礼貌》中 1̇5 | 5、1— | 1 0 等
2. 连接二至四个不同音高的音符，使用连线（弧线）。如《咱们从小讲礼貌》中 6 1、6 5 等
3. 连接五个或五个以上的音符，使用大连线。方法是在被连第一个音符合写两个⠀⠀，最后一个音符前写一个⠀

例如：⠿⠿⠿⠿⠿⠿⠿⠿⠿
$\overline{2\quad\quad 6\;2\;6\quad}$ 5

4. 同音连接、连线、大连线跨两小节的时候，小节之间要空一方。如《咱们从小讲礼貌》中 6$\overline{53\;|\;3}$

5. 两个或两个以上相同的音程（或和弦）相连时，使用复连线

6. 乐句弧线多用于器乐曲中，用它连接起来的音，要求大奏唱得圆滑连贯，不要断开

十、连音符

连音符有二连音、三连音、五连音等，其写法是在"⠿（456）"后用降位数字标明，末尾加"⠿（3）"。例如：

1. 二连音－2－⠿⠿⠿（456，23，3）
2. 三连音－3－⠿⠿⠿（456，25，3）或 ⠿（23）
3. 五连音－5－⠿⠿⠿（456，26，3）
4. 六连音－6－⠿⠿⠿（456，235，3）
5. 七连音－7－⠿⠿⠿（456，2356，3）

连音符记号写在连音符的前面。最常用的三连音一般写做"⠿（23）"。

例如：⠿⠿⠿ $\frac{4}{4}$

⠿⠿⠿⠿⠿⠿⠿⠿⠿
5 6 7 $\dot{1}$ $\overline{6\;3\;4}^{3}$ 3

⠿⠿⠿ $\frac{2}{4}$

⠿⠿⠿⠿⠿⠿⠿⠿⠿⠿
5   $\overline{1\;2\;3\;4\;5}^{5}$

第三节　词谱对应符号

盲文乐谱有两种记谱方法：一种为原调记谱法（又称首调记谱法），此法和明眼乐谱中的简谱相仿；另一种为固定记谱法，采用固定调记谱，此法与明眼乐谱中的五线谱相仿。但是，歌谱的书写格式各国习惯有所不同，盲文歌谱有三种书写形式。

第一种是：一行歌谱，一行歌词，对位书写，与明眼人的歌谱相似。

第二种是：一小节歌词，后跟一小节歌谱。

第三种是：先写全部或一段歌谱，再写出歌词。

我国习惯上使用第三种形式。

一、词谱号

1. 歌谱号　⠀⠀（6,3）

歌谱号用在歌谱的开始处，后面不空方。

例如：《国旗国旗真美丽》

```
1=C          2/4
5 3 | 5 3 | 1̇ 6 | 5 — | 3 1 | 3 1 | 5 3 | 2 — | 3 · 2
1 2 | 3 5 | 6 — | 6 5 | 3̂ 2̂ | 5 — | 5 2̂ 3̂ | 1 — ‖
```

2. 歌词号　⠀⠀（56,23）

歌词号用在歌词的开始处，后面不空方。

例如：《国旗国旗真美丽》

国旗　国旗　真　美　丽，金星
金星　照　大地，我愿　变　朵　小
红云，飞上　蓝天　亲　亲　您。

3. 副歌号　⠀⠀（3456,2356）

副歌号写在副歌部分的前面，歌谱和歌词都使用这一个符号。

4. 歌词配谱转音号　⠀（6）

歌词配谱转音号要写在歌词的后面，每转一个音写一个第六点，转五个或更多的音就改用数字书写。例如：

```
2̂ 3 5 2̂ 1 7 6 5̇ —
月      儿
```

5. 括号（ ）　⠀⠀　⠀⠀（56,3 ; 6,23）

乐谱中的前奏、间奏，在用括号括起来；几段歌词中配谱转音略有不同的地方，或者由于分部合唱而略有不同的地方，也可以用括号括起来，加以区别。

二、节奏符号

音乐中的节奏符号用表示歌曲的独白，标记打击乐以及律动的时值关系。常用的节奏符号及其点位分别是如下几种。

1. 全节奏x--- ⠿⠿(456,3)
2. 二分节奏x- ⠿⠿(456,13)
3. 四分节奏x ⠿⠿(456,1)
4. 八分节奏x̠ ⠿⠿(456,12)
5. 十六分节奏x̠ ⠿⠿(456,123)
6. 三十二分节奏x̠ ⠿⠿(456,2)

在使用节奏符号时,应注意以下几点。

1. 节奏符号的时值与音符相同

2. 整小节的节奏或整段打击乐器,只在第一个符号上使用⠿(456),其余都可以省略不写

例如:《小青蛙找家》

$1={^b}E$ $\frac{2}{4}$

(5 1̇ 5 1̇ | 5 1̇ 5 1̇ | 3 5 2 3 | 5 5 5 |

5 1̇ 5 1̇ | 5 1̇ 5 1̇ | 3 5 2 3 | 1 1̱0̱)

3 5 2 3 | 5 × | 6 5 6 3 | 5 × | ×× ×× |

几只小青　蛙,呱!　要呀要回　家,呱!　跳跳,呱呱!

×× | ×× | ×× × | ×× × | ×× × | ×× × |

跳跳,呱呱!　跳跳跳,呱呱呱!　跳跳跳!呱呱呱!

2 3̂ 5 6 | 3 2 3 | 1— | × 0 ‖

小青　蛙　　回到了　家。　呱!

3. 一个音符分配给几个字的歌词时,可以借用节奏符号表示

4. 节奏符号需要使用附点时,与音符的附点用法相同

三、声部符号

(一)声部符号的写法

1. 女高音S. ⠿⠿(345,234,3)
2. 女低音A. ⠿⠿(345,1,3)
3. 男高音T. ⠿⠿(345,2345,3)

4. 男低音 B. ⠨⠃⠨⠄ （345，12，3）

（二）声部符号的用法

1. 合唱歌曲里同时演唱的四个声部——女高、女低、男高、男低用简写号 ⠨⠄（345）分别加 S.A.T.B 及略点号 ⠐（3）表示。歌词和歌谱使用统一的声部符号

2. 二部合唱歌曲，不论这两部是男声、女声，或是男女声，均使用 S.、A. 表示

3. 声部符号与后面的词、谱连写

四、分部符号

（一）分部符号的写法

1. 分部号　⠨⠤⠨⠄（126，345）或 ⠢⠂（5，2）
2. 分界号　⠨⠂⠂⠆（46，13）

（二）分部符号的用法

1. 分部号表示它前后的两部分乐谱同时演奏，这两部分之间不空方。多声部分写法相同

例如：⠨⠤⠨⠄

0　5 6 ｜ 2· 3 2 ｜ 0 1 2 5 ｜ 2²²²⁵ ¹² 2 0 ‖

最后一小节也可写做：

2. 如果全小节的分部和小节内一部分的分部同时出现，全小节的分部用"⠨⠤⠨⠄"表示，小节内一部分的分部用"⠢⠂"表示

3. 在一小节内，一部分需分部书写而另一部分不需分部书写时，用分界号将这两部分分开

例如：⠨⠂⠂⠆

2　2　1　2

5· 3　 6 1　 ⁵⁶¹⁶ 5

4. 分部号和分界号后的第一个音符前要加音符号；写在行末时，小节未完号可略去。如上例第一行末

第四节　效果符号

一、顿音、保持音和强音

(一)顿音、保持音和强音的写法

1. 顿音・　⠀⠠⠦（236）
2. 促顿音▼　⠀⠠⠦（6,236）
3. 次顿音⌒　⠀⠠⠦（5,236）
4. 保持音—　⠀⠠⠦（456,236）
5. 强音＞　⠀⠠⠦（46,236）
6. 特强音　⠀⠠⠦（56,236）

(二)、顿音、保持音和强音符号的用法

1. 顿音也叫跳音，特强音也叫重音。顿音、促顿音、次顿音、保持音、强音、特强音都写在音符的前面

例如：0　5̌　　1

⠀⠀⠀⠀⠀⠀⠀⠀⠀⠀⠀⠀⠀⠀
　　　＞　　　＞
　　　3　　　　6

⠀⠀⠀⠀⠀⠀⠀⠀

2. 连续四个或更多的顿音、保持音、特强音等出现时，使用省略写法。其方法是：在第一个音符前面标两个符号，在最后一个音符前面再标一个符号

例如：　　　6̄ 1̄ 2̄ 3̄　　1̄

⠀⠀⠀⠀⠀⠀⠀⠀⠀⠀

二、延长号和换气号

(一)延长号和换气号的写法

1. 延长号⌒　⠀⠠⠦（126,123）
2. 自由延长号↑　⠀⠠⠦（456,126,123）
3. 换气号ⱽ　⠀⠠⠦（345,2）

(二)延长号和换气号的用法

1. 延长号一般记在音符或休止符后面，表示该音符休止符可自由延长时值

例如：↑　⠀⠠⠦

2. 延长号与终止号连用时，表示反复乐段到此结束

3. 延长号写在小节线上时，盲文写做自由延长号，记在小节的末尾，表示小节之间休止片刻

4. 换气号也叫呼吸号，写在音符后面

三、装饰音

(一)装饰音的写法

1. 倚音⌣ ⠸⠈(26)
2. 颤音(波音)tr 或 tr〰 ⠨⠴(235) 或 ⠨⠴⠨⠴⠨⠴⠨⠂(345,2345,1235,3)(乐器用)
3. 上颤音(顺波音)〰 ⠨⠴⠨⠂(5,235)
4. 下颤音(逆波音)〰 ⠨⠴⠨⠆(5,235,123)
5. 滑行号⌒ ⠸⠁(4,1)
6. 前上滑音╱或↗ ⠸⠃(46,14)
7. 前下滑音╲或↘ ⠰⠃(465,14)
8. 后上滑音╱或↗ ⠁⠃(14,12)
9. 后下滑音╲或↘ ⠁⠂(14,1)

(二)装饰音符号的用法

1. 倚音也叫碎音，盲文里一般写做十六分音符，音符前加倚音号，并且和本音用连线连接

例如: $\overset{5}{6}$ 写做 ⠸⠈⠨⠙⠨⠛ 　 $\overset{1}{6}$ 写做 ⠸⠈⠨⠛

2. 颤音、上颤音、下颤音都写在音符的前面
3. 滑行号写在两音符之间

例如: 5⌒3写做 ⠨⠊⠸⠁⠨⠓

4. 前上滑音和前下滑音的符号标在音符前面；后上滑音和后下滑音的符号标在音符后面。

例如: ↗3　写做 ⠸⠃⠨⠓
　　　3↘　写做 ⠨⠓⠁⠂

四、力度记号

(一)力度记号的写法

1. 最弱 ppp　⠨⠜⠏⠏⠏⠄(345,1234,1234,1234,3)
2. 很弱 pp　⠨⠜⠏⠏⠄(345,1234,1234,3)
3. 弱 p　⠨⠜⠏⠄(345,1234,3)
4. 中弱 mp　⠨⠜⠍⠏⠄(345,134,1234,3)
5. 中强 mf　⠨⠜⠍⠋⠄(345,134,124,3)
6. 强 f　⠨⠜⠋⠄(345,124,3)
7. 很强 ff　⠨⠜⠋⠋⠄(345,124,124,3)

8. 最强 fff ⠿⠿⠿ (345,124,124,124,3)
9. 特强 sf ⠿⠿ (345,234,124,3)
10. 特强后弱 sfp ⠿⠿⠿ (345,234,124,1234,3)
11. 渐强后弱<> ⠿⠿ (16,3)
12. 渐强< ⠿⠿ ⠿⠿
     (345,14,3…345,25,3)
13. 渐弱> ⠿⠿ ⠿⠿
     (345,145,3…345,256,3)

(二)力度记号的用法

1. 最弱、很弱、弱、中弱、中强、强、很强、最强、特强、特强后弱、渐强后弱这十一个符号,都标在音符的前面

例如：⠿⠿⠿⠿

　　　　f　5 · 5 ｜ 1 · 1

2. 渐强符号,渐强符号,标在音符的开始和末尾

例如：⠿⠿⠿⠿　　　　　　⠿⠿⠿⠿

　　　　3 1 ｜ 1—‖

五、速度

一分钟内奏多少拍,用数字写出来。

例如：1=56(以八分音符为一拍,每分钟56拍)　写做⠿⠿⠿⠿

1=48(以四分音符为一拍,每分钟48拍)　写做⠿⠿⠿⠿

六、力度、速度、表情术语用法中的辅助记号及其用法

(一)辅助记号

1. 简写字号　⠿(345)
2. 略点号　⠿(3)
3. 文字用括号　⠿⠿　⠿⠿ (56,36……36,23)

(二)用法

1. 外文字的力度、速度、表情术语常写做缩写字,缩写字前要加简写字号"⠿",其后加略点号"⠿";术语后面第一个音符前要加音组号

例如：legato 缩写为 l.⠿⠿⠿(345,123,3)圆滑地

2. 在简谱歌曲乐中,力度、速度、表情术语通常直接用普通文字表示。为了避免混淆,要用括号起来。由于前奏、间奏及歌词里的变化部分使用了一

般的括号"⠀⠀ ⠀⠀","这里使用"⠀⠀ ⠀⠀"以表示区别

例如:"高亢有力"写做

⠀⠀⠀⠀ ⠀⠀⠀⠀

"中速稍慢"写做

⠀⠀⠀⠀ ⠀⠀⠀⠀

"抒情优美"写做

⠀⠀⠀⠀ ⠀⠀⠀⠀

第五节 省略记号

一、重复号

(一)重复号的写法

重复号(小节重复或音型重复记号)╱ 或 ╳ ⠀⠀ (2345)

(二)重复号的用法

1. 重复号写在小节号之后表示重复整个小节;整小节两次重复时,仍用重复号表示,其间空方;但重复三次或三次以上者,用重复号后加数字符号表示

例如: $\frac{2}{4}$ $\dot{5}$ 1 | $\dot{5}$ 1 | $\dot{5}$ 1 |

写做 ⠀⠀⠀⠀ ⠀⠀⠀⠀ ⠀⠀⠀⠀

$\frac{2}{4}$ 6 1̇2̇ | 6 1̇2̇ | 6 1̇2̇ | 6 1̇2̇ | 6 1̇2̇ | 6 1̇2̇ |

写做 ⠀⠀⠀⠀ ⠀⠀⠀⠀ ⠀⠀⠀⠀

2. 如果在其他音组上重复该小节,可在重复叫前加音组号

例如: $\frac{2}{4}$ 6̇ 6̇ | 6 6 |

写做 ⠀⠀⠀⠀ ⠀⠀⠀⠀

3. 重复号也可用在小节内,表示重复前半小节、一拍或半拍,但必须符合拍子的规律,不能乱用

例如: $\frac{3}{4}$ 23 23 5 |

写做 ⠀⠀⠀⠀ ⠀⠀⠀⠀

$\frac{4}{4}$ 12 3 12 3 |

写做 ⠀⠀⠀⠀ ⠀⠀⠀⠀

4. 如果半小节的重复号与一拍或半拍重复号相遇,它们之间必须加"⠀⠀(3)"将其隔开

二、数字省略记法

1. 如果后面的几个小节与前几个小节完全相同，可把重复的这几个小节用盲文数字符号表示

例如：$\frac{2}{4}$　　65｜43｜5—｜65｜43｜5—｜

写做　⠼⠋⠑⠼⠙⠉　⠼⠑⠤　⠼⠋⠑⠼⠙⠉　⠼⠑⠤

2. 如果是在其他音组上重复奏，唱前几小节，可在数字前加音组号

例如：$\frac{2}{4}$　55｜33｜1—｜55｜33｜1—｜

写做　⠼⠑⠑　⠼⠉⠉　⠼⠁⠤　⠼⠑⠑　⠼⠉⠉　⠼⠁⠤

3. 如果重复几小节里的前几小节(跳跃反复)时,也可使用数字表示;如所重复需移到其他音组上,可在重复的数号前加音组号

例如：$\frac{2}{4}$　　67｜65｜45｜5—｜67｜65｜

写做　⠼⠋⠛　⠼⠋⠑　⠼⠙⠑　⠼⠑⠤　⠼⠋⠛　⠼⠋⠑　（表示重复前面四小节的前两小节）。

4. 如果按作品小节数重复第几小节，可用降位数字表示，如"⠼⠊"表示重复九小节，"⠼⠁⠤⠼⠓"表示重复一至八小节(连号的数字省略数号)

5. 使用数字省略记法后的第一个音符前要加音组号

三、反复号

(一)反复号写法

1. 反复起号；反复止号 ‖: :‖　⠠⠶　⠶⠄（126,2356……126,23）

2 任意反复起号；任意反复止号 ⌒ ⌒　⠠⠶⠄　⠶⠠⠶（126,2356,123……456,126,23）

(二)反复号的用法

1. 各种反复号后的第一个音符都要加音组号

2. 反复部分末尾不同的时候，在不同的部分使用降位数字区分。降位数字如与后面的符号混淆时，需加"⠼（3）"隔开

例如：

‖: 1̇1̇0｜6̇6̇05｜3̇1̇5｜50｜1·3̇5̇0｜

6·7̇1̇0｜01̇6̇5｜3̇1̇　1̇0｜05　1̇1̇　2̇3̇1̇｜

1. 2̇1̇ ‖2. 2̇ 1̇ ‖

四、隔段反复

（一）隔段反复符号的写法

1. 从头反复号 D.C.　⠀⠀⠀（345,145,14,3）
2. 中途反复号 D.S.　⠀⠀⠀（345,145,234,3）
3. 隔段反复起号；隔段反复止号⠀⠀⠀（346……16）
4. 返始号⠀⠀⠀（5,346）
5. 曲终号 Fine　⠀⠀⠀（6,124,24,1345,15）或⠀（16）
6. 反复乐段终止号‖　⠀⠀⠀（126,13,3,126,123）

（二）隔段反复号的用法

1. 隔段反复号在盲文乐谱里，用它来节省篇幅。乐谱里反复作用的部分都用"⠀""⠀"标出；下一次使用的时候，用"⠀"返始号表示

2. 为了区分复唱部分，还可用"⠀""⠀""⠀"和与之相应的"⠀""⠀""⠀"表示复唱（奏）次序

五、震音记号

震音记号记在两个音或两个和弦之间，表示这两个音或和弦应按符号所示时值迅速均匀地交替重复演奏（唱）。其总时值相当于原乐谱中两个音或和弦的其中之一。

1. 八分音符时值震音号　⠀⠀（46,12）
2. 十六分音符时值震音号　⠀⠀（46,123）
3. 三十二分音符时值震音号　⠀⠀（46,2）
4. 六十四分音符时值震音号　⠀⠀（46,1）
5. 一百二十八分音符时值震音号　⠀⠀（46,3）

六、歌词的省略

（一）歌词省略号　⠀　⠀（35…35）

（二）歌词省略号的用法

1. 歌词省略起号与后面歌词连写；歌词省略止号与前面歌词连写，遇标点时，写在标点之前

2. 表示符号内括起来的歌词反复一次。若反复两次或三次可在反复部分前写两个"⠀"或三个"⠀"，超过四次以上，在"⠀"前加数字表示

3. 歌词也可用隔段反复号"⠀　⠀"，但它们在后面应空两方写歌词；隔段止号"⠀"应写在标点后

【附录】

盲文歌曲词谱和汉字对照举例

中华人民共和国国歌[①]

田汉 词

聂耳 曲

1=G 2/4

进行曲速度

(1·3 5 5 | 6 5 | 3·1 5 5 5 3 1 | 5 5 5 5 5 5 |

1)

0 5 | 1 1 | 1·1 5 6 7 | 1 1 | 0 3 1 2 3 |

5 5 | 3·3 1·3 | 5·3 2 | 2 — | 6 5 2 3 |

5 | 3 0 5 | 3 2 3 1 | 3 0 | 5·6 1 1 | 3·3 5 5 |

2 2 2 6 | 2·5 1 1 | 3·3 5 — |

1·3 5 5 | 6 5 | 3·1 5 5 5 | 3 0 1 0 | 5· 1 |

3·1 5 5 5 | 3 0 1 0 | 5· 5 1 5 1 | 1 0 ‖

起来！不愿做奴隶的

人们！把我们的血肉，筑成

---

① 选自盲人学校五年制小学教科书《音乐》(简谱)第十册，人民教育出版社，1997年4月。

我们 新的 长城！中华 民 族 到了 最 危险 的 时候，每个 人 被迫着 发出 最后的 吼声。 起来！起来！起来！我们 万众 一心 冒着 敌人 的 炮火 前进！冒着 敌人 的 炮火 前进！前进！前进！进！

思考题

1. 辨识下列盲文音符、乐谱。

(1)

(2)

(3)

2. 译写下列乐谱。

(1) $1=C\frac{2}{4}$

$\underline{53}$ $\underline{53}$ | $\underline{53}$ 1 | $\underline{24}$ $\underline{32}$ | 5— | $\underline{53}$ $\underline{53}$ | $\underline{53}$ 1 | $\underline{24}$ $\underline{32}$ | 1— | $\underline{22}$ $\underline{44}$ | $\underline{31}$ 5 | $\underline{24}$ $\underline{32}$ | 5— | $\underline{53}$ $\underline{53}$ | $\underline{53}$ 1 | $\underline{24}$ $\underline{32}$ | 1 0 ‖

(2) $1=F\frac{3}{4}$

$\underline{11}$ 1 $\underline{5}$ | $\underline{33}$ 3 1 | $\underline{13}$ 5 5 | $\underline{43}$ 2— | $\underline{23}$ 4 4 | $\underline{32}$ 3 1 | $\underline{13}$ 2 $\underline{5}$ | $\underline{72}$ 1— ‖

(3) $1=D\frac{2}{4}$

$\underline{11}$ $\underline{13}$ | $\underline{55}$ 5 | $\underline{66}$ $\underline{46}$ | $\underline{55}$ 5 | $\underline{66}$ $\underline{44}$ | $\underline{55}$ 3 | $\underline{43}$ $\underline{24}$ | $\underline{30}$ $\underline{20}$ | 1 0 ‖

(4) 1=♭E 2/4

5̇1 3 | 2̂4 3 | 22 2̂1̇2 | 5— | 6̇7 1 | 1̂2 3 | 54 3̂1 | 2— | 33 3 | 6 6 |
56 5̂4̇5 | 3— | 2 22 | 5̂4 3 | 22 2̂1̇2 | 1— | 3·4 5 1 | 7̇6 56 | 3— |
2·33 | 4̂3 4̂5 | 6— | 6— | 1̇7 6 | 5̂4 3 | 2·2 2̂1̇2 | 1— ‖

(5) 1=F 2/4

1 1·1 | 1 5̇ | 1̂1̂1 7̂1̇2 | 1— | 3 3·3 | 3 1 | 3̂33 2̂34 | 3— | 5— |
1 — | 5̇ — | 1 — ‖

(6) 1=E 2/4

6̇ 3̂5 | 2— | 6̇ 5̂3 | 2— | 6̇ 3̂5 | 2— | 6̇ 5̂3 | 2— | 23 23 | 5·3 |
23 23 | 5·3 | 65 35 | 6̂1̇ 23 | 3̂ 1̇ | 1 0 | X X· | X— ‖

(7) 1=G 2/4

12 33 | 5 3̂1 | 2·3 | 53 2 | 6̂3 32 | 1̂2 3̂6 | 5̇·6 | 1̇6 5 | 11 15 | 6 0 |
22 25 | 6̇ 0 | 6̇ 63 | 2 1̂6 | 1̂2 3̂5 | 2 1̂6 | 55 56 | 2̂1̇ 6 | 5̇·6̂ 5 0 ‖

(8) 1=C 2/4

#1̇·⁽3̂3̂⁾ | #1̇·⁽3̂3̂⁾ | 5̂656 1̇1̇ | 5̂656 1̇1̇ | 53 65 | 3̂535 31 | 555 55 |
555 55 | 2̂321 23 | 1̂13 5̂351 | 2̂321 23 | 1̇1̇ 1̇ | 1̇1̇ 15 | 66 5 | 15 66 |
5 6̂535 | 2̇2̇ 1̇1̇ | 2̇2̇ 1̇ | 35 32 | 1·#1̇⁽3̂3̂⁾ | 55 65 | 1̇3̇ 2̇ | 2̇2̇ 1̇3̇ | 2̇56 5̇3̇ |
2̇2̇ 1̇3̇ | 2̇ 5̇ 1̇ | 2̇ 5̇ 1̇— | 3·5 | 6̇2 1̂6 | 53̇1 55 | 3̂13̇1 5 | 3·5 | 6̇2 15 |
6̇3̇1 66 | 3̂131 6 | 3̂3 32 | 12 6 | 2̂2 21 | 6̇1 5 | 66 65 | 6̇1 32 | 1— ‖

(9) 1=F 4/4

3̌1̌ 3̌1̌ 03 1̌1̌ | 3 21 0 5̇ | 1̌1̌ 0 0 0 | 2̌7̌ 2̌7̌ 02 7̌7̌ | 2 7̌7̌ 0 5̇ |
2̌2̌ 0 0 0 | 3 1·3 53· | 66 4— | 2·2 22 0 66 | 5--- | >6 4̂4 >6 4̂4 |
5̌5̌ 5̌3̌ 0 0 | 6 >4̂4 >6 4̂4 | 5̌5̌ 5̌2̌ 0 0 | 33 31 3 31 | 4 6̌6̌ 0 0 | 33 31 3 31 |
3 5̌5̌ 0 0 | 6— 4̂·6 | 5 3̌3̌ 0 0 | 4 22 0 5 | 3̂3 3-- | 6— 4̂·6 | 5 3̌3̌ 0 0 |
4 22 0 5 | 3̂1 1-- ‖

(10) 1=F 2/4

(1234 ‖: 5·#4 5·4 | 5·#4 50 | 4·3 4·3 | 43 40 | 2·1 76 | 54 32 |
10 5432 | 17 ♭76) | 53 03 | 34 31 | 7 20 20 | 5 0 | 53 03 | 34 31 | 20 20 |
2 0 | 33 34 | 5·3 | 43 21 | 6 0 6 | 70 06 | mp 70 06 | 7·7 76 | 54 32 | 1 — | 1
(5 5 | 5·#4 5·4 | 50 5 | 4·3 4·3 | 40 | 2176 | 54 32 | 1 2345)
4/4 6·6 6·4 | 5·5 5 — | 44 4 66 | 54 3 — | 2/4 22 23 | 21 76 | 5 X |
54 32 | 1 (1234 :‖ 54 32 | 1 (234567 | 1 0) ‖

3.写出下面歌曲的盲文词、谱。

(1)　　　　　　　快乐的节日

管桦词

李群曲

1=F 2/4

快乐、优美地

1 5·5 | 65 3 | 1 0 | 5 56 | 5·4 35 | 2 — |

1.小鸟在前面带路,风啊吹向我们。
2.花儿向我们点头,白杨树哗啦啦响。
3.感谢亲爱的祖国,让我们自由地成长。

12 30 | 3·6 54 | 32 30 | 55 55 | 3·5 | 35 62 | 1 — |
我们像春天一样,　　来到花园里,来到草地上。
它们同美丽的小鸟,　向我们祝贺,向我们歌唱。
我们像小鸟一样,　　等身上的羽毛长得丰满,

5·5 5 | 5·3 65 | 2 — | 35 1 | 13 23 | 5 — | 6 61 |
鲜艳的红领巾,　　　美丽的衣裳,像许多
它们都说世界上　　有我们就更美丽,世界上
就勇敢地向着　　　高空去飞翔,飞向

36 5 | 5 23 | 1 — | 55 65 | 5·3 20 | 33 21 | 2·3 50 |
花儿开放。
有我们就更美丽。　跳啊跳啊跳啊,跳啊跳啊跳啊跳啊
我们的理想。

5 5·6 | 54 36 | 5 — | 53 20 | 1·3 20 | 1·1 65 | 553 5 | 1 0 ‖
快乐的少先队员,　让我们一齐过呀过这快乐的节日。

（2） 都有一颗红亮的心
——现代京剧《红灯记》选段
（李铁梅唱）

1=#F

[西皮流水]

$\frac{2}{4}$ (065 | 3561 6532 | 1) 3 1 65 | 353 1 | 051 6535 |

　　　　　　　　　　　　我家　的表叔　数不

6 1 561 | 6·5 432 | 23 235 | $\frac{1}{4}$ 5 | 5521 | 6 |

清，没有　大事　　不登门。　　　　虽说是，

23212 | 5 3 | 234 | 3·5 | 6·5 | 165 | 4323 |

虽说是亲眷　又不相认，可他比亲眷还要

5 | $\frac{2}{4}$ 05 32 | 1635 212 | 23 35 | $\frac{1}{4}$ 2317 |

亲。爹爹　和奶奶　齐声　　唤亲

62 | 12 | 3·5 | 23 | 5 | 56 | 7 | 7 7 | 6·7 | 2 |

人，这　里的　奥　　妙　我也　能

605 | 4323 | 5 | 656 | 1·6 | 7672 | 61 | 65 |

猜出　几　分，他们和爹爹都一样，都　有

5·5 | 35 | 60(5 | 6535) | 6765 | 535 |

一　颗　　红亮　的

渐漫 mp　　　　　f

$\frac{2}{4}$ 1 — | 6·535651 | 5 — ‖

心。

4.阅读盲校小学音乐教材五篇课文。

第七章 英语盲文

英语单词的构成与盲文的构成都是从左到右线性排列，因此，很容易将英语盲文方案设计得既科学又简单。1906年英国就有了初步的简写方案，1932年，英美实现了统一的标准简写方案。国际上，英语正式出版物使用的是二级标准简写方案。

第一节 一级盲文

英语一级盲文有26个字母符号、标点符号、排字符号。英语一级盲文只是年幼盲童学习二级盲文的过渡性工具，没有实用地位。英美小学一年级盲童一般花2~3个月学习一级盲文，学会字母符号后，就开始学习二级简写盲文。通常情况下，兼有智力残疾的盲童也不停留在一级盲文上，同样学习二级盲文，尽管有些规则他们不能真正掌握。

一、字母符号

英语一级盲文非常简单，主要是26个字母符号。一级盲文没有专门的规则，一个字母一方，一个单词有几个字母，就用几方表示。

表 7-1 英语盲文字母符号表

a	b	c	d	e	f	g	h	i	j
k	l	m	n	o	p	q	r	s	t
u	v	x	y	z					w

英语盲文字母符号设计简单、科学。完全照搬了布莱尔的法语盲文原始体系。①前10个字母是点字符号国际通用排列顺序的第一行，紧接着的10个是点字符号国际通用排列顺序的第二行，u、v、x、y、z是点字符号国际通用排列顺序的第三行的前5个符号，②w是个例外。这样设计不仅非常方便记忆，而且符号形状清晰、点数适中，没有下层符号、没有后单列符号，方便触觉阅读。

---

①② 黄加尼，张克敏：《点字符号用法》，第 226~227 页。北京：中国盲文出版社，1985 年。

表 7-2 英语盲文国际音标

元音				辅音		
单元音	前元音	[i:]		爆破音	[p]	
		[i]			[b]	
		[e]			[t]	
		[æ]			[d]	
	后元音	[a:]			[k]	
		[ɔ]			[g]	
		[ɔ:]		鼻音	[m]	
		[u]			[n]	
		[u:]			[ŋ]	
	中元音	[ʌ]		摩擦音	[f]	
		[ə:]			[v]	
		[ə]			[θ]	
双元音	合口双元音	[ei]			[ð]	
		[əu]			[s]	
		[ai]			[z]	
		[au]			[ʃ]	
		[ɔi]			[ʒ]	
	集中双元音	[iə]			[r]	
		[ɛə]			[h]	
		[uə]			[w]	
					[j]	
				破擦音	[ts]	
					[dz]	
					[tr]	
					[dr]	
					[tʃ]	
					[dʒ]	
				舌侧音	[l]	

二、标点符号与排字符号

一级盲文还包括标点符号和排字符号。标点符号的使用遵循英语明眼文的使用规则。

英语标点符号多由下方符号表示,英语中没有书名号。有些人在英语盲文中,使用现行汉语盲文相对应的标点符号,这是错误的。

排字符号是盲文要表示明眼文字体变化的意义而特别设计的符号。在明眼文中是字体本身的变化显示的,而不用符号表示。

表 7-3 英语盲文标点符号与排字符号表

,	逗号	⠂	。	句号	⠲
?	问号	⠦	!	感叹号	⠖
:	冒号	⠒	;	分号	⠆
'	略字号	⠄	*	星号	
——	破折号	⠐⠤	……	省略号	⠄⠄⠄
—	连号	⠤	/	隔断号	⠌
" "	双引号	⠦ ⠴	' '	单引号	⠠⠦ ⠠⠴
( )	圆括号	⠐⠣ ⠐⠜	[ ]	方括号	⠨⠣ ⠨⠜
.	小数点	⠨	/(-)	分数线	⠌
%	百分号	⠼⠴	`	重音号	⠈
#	数字号	⠼	£	英镑	⠇
$	美圆	⠎	¢	美分	⠉
§	节号	⠠⠎	°	度	⠘⠚
′	分	⠄⠄	″	秒	⠄⠄⠄
′	英尺	⠄⠄	″	英寸	⠄⠄
	磅	⠇⠃	¶	分段号	⠠⠏
"	重复	⠦⠴		语尾	⠠⠶
	字母号	⠰		大写号	⠠
	斜体号	⠨		双斜体号	⠘⠨

三、英语一级盲文对照范例

ICEVI Values

We believe that all children and youth with visual impairment have basic human rights.

They are entitled to a full range of educational services and to be included in the educational programs of their communities.

They should receive pre-school support.

Their teachers and other professionals supporting them should be properly trained.

Their parents and other

⠋⠁⠍⠊⠇⠽ ⠍⠑⠍⠃⠑⠗⠎ ⠎⠓⠕⠥⠇⠙ ⠃⠑
family members should be
⠑⠝⠉⠕⠥⠗⠁⠛⠑⠙ ⠞⠕ ⠎⠥⠏⠏⠕⠗⠞ ⠞⠓⠑⠊⠗
encouraged to support their
⠑⠙⠥⠉⠁⠞⠊⠕⠝⠲
education.

第二节　二级盲文

我国盲校的许多英语教师认为英美盲童就是使用一个字母对应一个符形的盲文,这是一个非常大的误区。也有很多人认为中国盲童只需要学习英语一级盲文。他们知道英语中真正使用的是二级盲文,却认为中国盲童没有必要学习复杂的二级盲文,老师不愿意教,学生不愿意学。目前使用一级盲文,老师可以教,学生可以学,能读书,能考试。岂不知,这是学习了"假"英语盲文,没有实际用处。学会了一级盲文不能与英美盲人书面交流,只能听说、不能阅读英语资料,还是处在文盲状态。如果从应试教育的角度,英语一级盲文可以在国内特定的环境内通用,作为外语只能够在国内通用本身就是莫大的讽刺。从素质教育的角度,只学习英语一级盲文是误人子弟。一级盲文只是过渡,应迅速过渡到二级标准简写盲文。①

一、整词一方简写

由一方代表整个单词的简写,其前后与其他单词空一方（前面是to、into、by的简写词除外）。有29个整词的简写由一方盲文符号表示。

表7-4　整词一方简写词表

简写		原单词	简写		原单词
b	⠃	but	s	⠎	so
c	⠉	can	t	⠞	that
d	⠙	do	u	⠥	us
e	⠑	every	v	⠧	very
f	⠋	from	w	⠺	will
g	⠛	go	x	⠭	it
h	⠓	have	y	⠽	you

---

① 钟经华:《盲校应尽早推行英语二级盲文教学》,《现代特殊教育》,2006.9。

简写		原单词	简写		原单词
j	⠚	just	z	⠵	as
k	⠅	knowledge			
l	⠇	like		⠡	child
m	⠍	more		⠩	shall
n	⠝	not		⠹	this
p	⠏	people		⠱	which
q	⠟	quite		⠳	out
r	⠗	rather		⠌	still

这 29 个一方简写词都是英语中使用频率非常高的单词，有 21 个是由原单词的首字母符号表示。由于 a、i 已经是独立的单词，没法再代表另一个以它们为首字母的高频词的简写，以 x、z 为首字母的单词没有很高频的，把符号 x 和 z 的简写功能分别借给了 it 和 as。后 6 个一方简写词不是字母符号，没有简便记忆方式。

当单词之后接所有格或（印刷文的）省略符号时，以连字号连接的复合词中，专有名词及专有名词之后接所有格或省略符号及 s 时，可以使用整词一方简写。

例如：can't ⠉⠁⠐⠞　　so-called ⠎⠕⠤⠉⠁⠇⠇⠫

Tomas More ⠠⠞⠕⠍⠁⠎ ⠠⠍

整词一方简写不能用于一个完整单词的部分字母组合的简写。换句话说，当一方简写词代表的字母与其他字母组成更长的单词时，简写符号不能使用。children 中的字母组合 child 不能简写为 ⠡，children 不能简写为 ⠡⠗⠑⠝。

例如：cans ⠉⠁⠝⠎　　don't ⠙⠕⠝⠐⠞　　goes ⠛⠕⠑⠎

例句：
As you like it.
⠵ ⠽ ⠇ ⠭

Like you, all people like ball, but not all people play.
⠇ ⠽⠂ ⠁⠇⠇ ⠏ ⠇ ⠃⠁⠇⠇⠂ ⠃⠥⠞ ⠝ ⠁⠇⠇ ⠏ ⠏⠇⠁⠽⠲

Jack says you just plan daily so you can
⠠⠚⠁⠉⠅ ⠎⠁⠽⠎ ⠽ ⠚ ⠏⠇⠁⠝ ⠙⠁⠊⠇⠽ ⠎⠕ ⠽ ⠉

do all you like.

　　I have an idea that he will rather like that very vivid color.

　　This child is still out.

二、字母组合一方简写

由一方盲文符号代表几个字母组合的简写,用在单词内。有15组字母组合的简写由一方(上位符号)表示。

表 7-5 字母组合一方简写

简写	字母组合	简写	字母组合
	gh		ch
	ed		sh
	er		th
	ow		wh
	ar		ou
	en		st
	in		
	ing		
	ble		

应当注意的是符号 、 、 、 、 在前后空方时,表示整个单词,与其他字母符号连写时只表示前两个字母组合。

　　例如：chair 　　　　child 　　　fish 　　　shall
　　　　　st/ar 　　　sh/ow/er/ing

字母组合 ing、ble 的简写符号不能用于单词的词首。他们只能用于单词的中间或者末尾,也可以用在一个单词分做两行书写时的开头。

　　例如：sing/ing 　　　ingenious
　　　　　trou/ble 　　　problem 　　　blew

三、整词兼字母组合一方简写

表 7-6 整词兼字母组合一方简写表

简写	字母组合	简写	字母组合
⠯	and	⠮	the
⠿	for	⠾	with
⠷	of		

这五个简写符号一身兼两职，即能够像表7-4的符号那样表示整个单词的简写，也可以像表7-5的符号那样表示单词中相同的字母组合的简写。

例如：other　hand　form　st/and　for/th　often　theater　with/out

当a，and，for，of，the，with 中有两个以上连续出现时，要互相连写。如果它们中间被标点符号或字体记号隔开时，不能互相连写。

例如：

He　left　with a　hat　and with a　coat.[①]

And,　of　course,　you　are　right.

四、整词下位简写

表 7-7 整词下位简写表

简写	词	简写	词
	be		to
	enough		into
	were		by
	his		
	in		
	was		

---

① 万明美：《视力残疾教育》，第 96 页。台北：五南出版公司印行，1990 年。

这九个简写符号都没有第1、4点，是整词简写符号。be、enough、were、his、in、was的简写符号前后都要空方，当与标点符号连写时，这些简写符号不能使用，要使用全拼。

例如：
He was in his own room wh/en she came in.

整词to、into、by的简写符号必须与后面的单词或者数字符号连写。他们不能用做单词的一部分的简写。

例如：I passed by you to go into the car.

I hope to get into town by 6 o'clock tonight.

这里town 和tonight 中的"to"不能用简写符号，o'clock 和 tonight是单列的简写词，需要单独记忆。

五、字母组合下位简写

表7-8 字母组合下位简写

简写	字母组合	简写	字母组合
	ea		be
	bb		con
	cc		dis
	dd		com
	ff		en
	gg		in

字母组合ea，bb，cc，dd，ff，gg的简写符号是由被简写字母组合相应字母降位得来的，只能用在单词的中间，不能用在单词的词首或词尾。

例如：seas   sea   eat   eggs   add/ed   add

如果一个单词内同时存在ea, bb, cc, dd, ff, gg 及其他省略形式的可能，其优先顺序如下。[①]

[①] 滕伟民，李伟洪：《中国盲文》，北京：华夏出版社，1996年。

ar优先于ea，例如：dear
ble优先于bb，例如：bubble
ch 优先于cc，例如：bacchanal
ed优先于dd，例如：peddle
of优先于ff，例如：office
for优先于ff，例如：effort

字母组合be，con，dis的简写符号只能用在单词的第一个音节上，他们也能够用在合成词的连写号之后，或者一个单词分做两行书写时在下一行的开头。如果这些字母组合在词首，但不是一个音节，则不能使用简写。

例如：believe　　　bell　　　control　cone　　　distress　　　dish

字母组合com的简写符号只能用在单词的词首或者一行的开头，com简写符号的使用不局限于一个音节内。

例如：com/ing　　　comb　　　comic

尽管bb与be；cc与con；dd与dis的简写符号相同，因为在单词内所处的位置不同，并不会造成混淆。

六、尾字母前加点的字母组合简写

表7-9 尾字母前加点的字母组合简写表

简写	字母组合	简写	字母组合
	ound		ence
	ance		ong
	sion		ful
	less		tion
	ount		ness
	ation		ment
	ally		ity

在一个字母组合的尾字母前加第46点、第6点、第56点，表示这个字母组合的简写。这些简写符号只能用于单词中间或词尾，不能用于词首，不能代表整个单词。其前面也不可与连字号、所有格或省略号相连。

例如：less　　　可以用于bless/ing　　　；careless

不可用于less ⠇⠑⠎⠎ ; lesson ⠇⠑⠎⠎⠕⠝ 。
ful ⠰⠋ 可以用于carefully ⠉⠁⠗⠑⠰⠋⠇⠽ ; cheerful ⠉⠓⠑⠑⠗⠰⠋ ; 不可用于fulfill ⠋⠥⠇⠋⠊⠇⠇ 。
ance ⠰⠝ 可以用于 glance ⠛⠇⠰⠝⠉⠑ ,
不可用于ancestor ⠁⠝⠉⠑⠎⠞⠕⠗ 。

因为词类变化加上的字母y与原单词组成的ity、ally不能使用简写。
例如:fruity ⠋⠗⠥⠊⠞⠽   squally ⠎⠟⠥⠁⠇⠇⠽

七、首字母前加点的字母组合兼整词的简写

表 7-10 首字母前加点的字母组合兼整词简写表

简写	词或字母组合	简写	词或字母组合	简写	词或字母组合
⠰⠙	day	⠰⠗	right	⠘⠥	upon
⠰⠑	ever	⠰⠎	some	⠘⠺	word
⠰⠋	father	⠰⠞	time	⠘⠞	these
⠰⠓	here	⠰⠥	under	⠘⠹	those
⠰⠅	know	⠰⠺	work	⠘⠱	whose
⠰⠇	lord	⠰⠽	young	⠘⠉	cannot
⠰⠍	mother	⠰⠮	there	⠘⠓	had
⠰⠝	name	⠰⠡	character	⠘⠍	many
⠰⠕	one	⠰⠳	through	⠘⠎	spirit
⠰⠏	part	⠰⠱	where	⠘⠺	world
⠰⠟	question	⠰⠪	ought	⠘⠮	their

在一个单词的首字母(组合)前加点第5点、第56点、第456点、表示这个单词的简写。这些简写符号还可以表示相应的字母组合的简写,用在另一个单词内,前提是字母组合保持原有发音。

例如:yest/er/day ⠽⠑⠎⠞⠰⠑⠰⠙   hadn't ⠓⠁⠙⠝⠄⠞
never ⠝⠰⠑⠗   foreword ⠋⠕⠗⠘⠺   where/upon ⠘⠱⠘⠥
Ger/many ⠛⠑⠗⠘⠍   bought ⠃⠘⠪⠞   how/ever ⠓⠕⠺⠰⠑⠗
some/th/ing ⠰⠎⠹⠬   under/st/and ⠰⠥⠌⠁⠝⠙

八、缩写词

缩写词是从单词中选择几个关键字母（组合）代表整个单词的简写。缩写词有些成对出现的，如declare（dcl）和declaring（dclg）；conceive（concv）和conceiving（concvg），后者的简写是在前者的基础上加g，而没有使用ing的简写符号。

表7-11 缩写词表

简记	缩写	原词	简记	缩写	原词
ab		about	herf		herself
abv		above	hm		him
ac		according	hmf		himself
acr		across	imm		immediate
af		after	xs		its
afn		afternoon	xf		itself
afw		afterwards	lr		letter
ag		again	ll		little
agst		against	mch		much
alm		almost	mst		must
alr		already	myf		myself
al		also	nec		necessary
alth		although	nei		neither
alt		altogether	o'c		o'clock
alw		always	onef		oneself
bec		because	ourvs		ourselves
bef		before	pd		paid
beh		behind	percv		perceive
bel		below	percvg		perceiving
ben		beneath	perh		perhaps
bes		beside	qk		quick
bet		between	rcv		receive

简记	缩写	原词	简记	缩写	原词
bey		beyond	rcvg		receiving
bl		blind	rjc		rejoice
brl		braille	rjcg		rejoicing
chn		children	sd		said
concv		conceive	shd		should
concvg		conceiving	sch		such
cd		could	themvs		themselves
dcv		deceive	thyf		thyself
dcvg		deceiving	td		today
dcl		declare	tgr		together
dclg		declaring	tm		tomorrow
ei		either	tn		tonight
fst		first	wd		would
fr		friend	yr		your
gd		good	yrf		yourself
grt		great	yrvs		yourselves

当缩写词保持原单词的意义时，还可以用在另一个单词中，作为字母组合的简写使用。

例如：af 可以用于after ，aftercare ，不可以用于 rafter 。

shd 可以用于should ，shouldn't ，不可以用于sh/oulder 。

mst 可以用于mustn't ，不可以用于 mustache 。

缩写词用在另一个单词中，其后不可接元音字母。接辅音字母或者有连接号时，可以使用。

例如：bl 可以用于 blind/ness ，blindfold ，不可以用于blinded ，blinder 。

缩写词在专有名词中，只能代表整个单词，不可以用做字母组合的简写。

例如：brl 可以用于Louis Braille ，fr 不可以用于Thomas Friendly 。

当一个单词内存在几种字母组合可以简写时，要使用包含字母多的简写符号，并且要使用含上层的符号。

with/er 简写为with/er ⠾⠻，不能写做 with/er ⠾⠑⠗，或 wither ⠺⠊⠮⠻。

then 简写为then ⠹⠢，不能写做 th/en ⠹⠢。

other 简写为other ⠷⠻，不能写做 oth/er ⠷⠻。

education 简写为education ⠑⠙⠥⠉⠁⠰⠝，不能写做 education ⠑⠙⠥⠉⠁⠰⠝。

九、不能使用简写的情况

1. 复合词的两部分之间不能使用简写

例如：carthorse中的th由于分属于复合词的两部分，这里不能使用⠹作为th的简写符号，carthorse只能简写为⠉⠜⠞⠓⠕⠗⠎⠑。

2. 前缀和词根不能使用简写

例如：reaction中的ea由于分属于前缀和词根，这里不能使用⠂作为ea的简写符号，reaction只能简写为⠗⠑⠁⠉⠰⠝。

3. 与低层标点符号连写时，低层简写符号不能使用

例如："be good"中be不能使用简写符号，应简写为⠀⠃⠑⠀ ⠛⠙。

enough！ 不能使用整体简写符号⠢，而应简写为en/ou/gh⠢⠳⠣。

4. 低层简写符号不能在行末使用[①]

十、英语二级盲文对照范例

A human guide, a stick or bamboo pole have been used by/persons who are blind for travel purposes throughout history and references to/blind persons using such devices can be found in writings of many ancient

---

[①] 黄加尼，张克敏：《点字符号用法》，第218~221页。北京：中国盲文出版社，1985年。

civilizations. Although the systematic use of/a cane as a travel aid was first described in England over 120 years ago and there is evidence of some use of/the white cane in England in the 1920s, its widespread use began in the United States in World War II in the rehabilitation of soldiers who had been blinded in action.

After the early development of modern O&M instruction, the professional training of O&M instructors soon spread across North America and into/Western Europe. But in most parts of/the world O&M training for adults and children did not become available until the latter part of/the 20th century with/the emergence of social and political justice movements. In many countries training in O&M and rehabilitation skills had been rejected not just on grounds of cost but because of/a lack of awareness of/the capabilities of people who were blind and ignorance of/the opportunities that independent travel could open up for blind individuals within their communities

The uneven provision of O&M across the world possibly reflects historical differences in the development of services to/people who are visually impaired. Currently O&M training programs range in length from a two year academic Masters degree in USA; 12–18 month Diploma training programs in Western Europe; training by/correspondence in some Eastern European countries and programs of two weeks or less in remote developing regions of/the globe. It is widely agreed that O&M professional preparation programs must address the pre-cane foundations of O&M which include the development of sensory awareness; sound localization; spatial concepts; and independent movement to/assure effective navigation and safe travel. In practice however, very little time is given to/these fundamentals of holistic rehabilitation and/the majority of training time is often focused on the development of simple basic technical skills in the use of/the long cane and negotiating the travel environments and transportation systems which vary so much form country to/country.

盲童随着词汇的增加,学习其简写符号是自然而然、循序渐进的事情,比掌握了大量词汇后集中学习简写符号更省力、更科学。在教学中,首先学习最容易的一方代表整个单词的简写符号,如b代表but,c代表can等等。这也是学习英语最早遇到的、使用频率最高的词汇。对独立简写单词则应采取遇到哪个学习哪个的策略,如ab代表about,gd代表good等。随着盲童英语学习的逐渐深入,词汇量不断扩大,再学习字母组合的简写,如,点位第56点t表示后缀ment,第2点表示ea等等。到高年级后,再逐渐学习比较复杂的简写规则。

英语二级盲文尽管不是一个字母一方,但它是表形的,它显示单词的全拼。美国的调查显示盲童拼写的正确率高于明眼儿童,这可能与大量的字母组合简写有关。在每个简写符号第一次出现时,教师不仅要教它的意义,还必须教它的原拼写字母,如,第456点c表示cannot。这不仅使盲童掌握英语本来的拼写形式,也有利于盲童使用计算机处理英语印刷字,有利于盲童与明眼人的英语交流。

思考题

1.将下列句子抄写成二级盲文。

Your friend will either mail a letter tomorrow or make a quick call again after a week.

My good friend, I could have paid him today, but he said he would wait till tonight.

That little blind boys, as he uses Braille, sees its immediate value.

2.将下列短文抄写成二级盲文。

Although much good practice in the field was identified in the research, there was an apparent lack of clarity about what the term 'mobility and independence' should encompass. Therefore one of the most important outcomes from the project was to construct a curriculum framework which would establish a shared definition of mobility and independence. Views from the educational field suggested a broad definition of the term was preferred which included not only orientation and mobility (O&M) and travel, but also broader issues such as "independent living skills" (ILS), "social development", and "communication". The importance of early intervention was also often highlighted, and there was common agreement that many of the foundation skills required for both independent living skills and orientation and mobility are similar. The final framework presented here (Figure 1) emerged from a combination of the views of mobility and independence educators and key recommendations from literature on mobility and independence and child development.

Children with visual impairment live in a social world and not just a spatial one, and therefore social and emotional development was seen as a prerequisite to enable children to communicate appropriately, to acquire a clear sense of how they fit into their social context, and to develop self-confidence and self-esteem. A key aspect of the framework is the distinction between early and foundation mobility and independence and advanced mobility and independence. While the concepts of early and foundation mobility and independence underpin the higher order activities, it is clearly unrealistic to expect that all the foundation skills will need to be mastered before the higher order skills can be introduced. Nevertheless all aspects of mobility and independence should be considered as making up an applied discipline in which children learn to interact with, and move through, the environment with independence and purpose. Children with visual impairment are not a homogeneous group and children will have different needs depending on, for example, their level of useful sight, the age of onset of their visual impairment and the level of previous support available to them.

3.阅读下列二级盲文。

盲文

第七章　英语盲文

第八章 盲文的阅读和书写

学习盲文，读和写是基本功。只有能够快速地阅读和熟练而准确地书写，才是真正掌握了盲文。

下面对盲文的阅读和书写分别加以介绍。

第一节 盲文的阅读

阅读，简单地说，就是看。对明眼人来说，盲文的阅读，就是用眼睛看点字。这与平时看汉字相比没有什么更特别的。但由于点字是以凸点为基本结构来表示汉语拼音的，凸点对人眼的刺激效果远不及汉字，所以，一般说来，明眼人阅读盲文的时间不宜过长，要注意适当地休息。

点字是由凸起的点组成的特殊文字，是专供盲人使用的一种文字，盲人必须用触觉才能感觉到它。对于盲人来说，阅读就是"以手代目"，用触觉灵敏的指腹来摸读凸起的点字。

通常盲人摸读盲文时的姿势是：端坐在书桌前，头和上身要端正自然，将书平放在书桌上，双手自然地放在书上，两前臂呈"八"字形，用双手食指指腹轻轻接触点字，感知点位、点数，两手的中指和无名指略微弯曲，使其前端和食指前端并排轻放在两旁，帮助辨别行次。摸读时从左到右顺着行次移动，一行摸完再摸另一行。

初学摸读时，两手要有分工：右手摸字，左手换行。也就是当两个食指摸到一行的最后一个点符的时候，右手暂时不动，左手沿着这一行向左移回到此行开头的第一个点符上，再把右手移到左手处，两手食指又并拢重新开始向右摸读。待盲人熟悉这种方法后，要逐步提高移行速度。方法是：当左右手一起摸到一行中间的时候，右手继续进行，而左手则沿着这一行向左移动，回到行首后，向下探出下一行的行首，这时右手摸读完前行后，即移到下一行与左手并拢，再双手同时摸读。如此反复，继续下去。

摸点的时候，不要用力按，也不能用指甲抠，食指的前端部位可微微向上下左右移，以清楚地辨认点位。摸认点位可分竖摸和横摸两种：竖摸点位是把六点子分成左右两竖行，先摸左边1、2、3点，再摸右边4、5、6点；横摸点位是把六点子分成上、中、下三层，从上到下先摸上层1、4点，再摸中层2、5点，然后是下层3、6点。除此以外，还可以依靠相邻符形的位置来区分点字符形。例如：⠟⠳⠇（无论）⠹⠳⠇（舆论）⠹的第1点到⠇的第1点，水平方向横过去两者之间有一个比点位略大的空隙；▓的第 4 点和▓的第 1 点，水平方向是挨近的。

摸读点字既要正确也要迅速，但摸读速度是在熟悉摸读方法后逐步提高的。初学者摸读时，手指触觉一般是不太灵敏的，常出现摸不清点位的现象。这时不要操之过急，应由易到难，循序渐进。可先不必要求速度，而是力求认真、仔细、不漏点、不弄错点位，防止乱猜点位，并且每天坚持摸读，时间久了，触觉自然就会灵敏了。摸读初期，时间不宜过长，以免指尖感觉疲劳而影响摸读准确性。在掌握了基本的摸读方法后，也要注意随时纠正不良的摸读姿势，并注意手、脑、口的协调动作，养成良好的摸读习惯。摸读熟练后，两手的中指、无名指都会起到辅助作用，甚至单手也能准确无误地摸读，并且还可以做到一只手摸着点字读物，另一只手进行抄写或摘录。

第二节　盲文的书写

点字是供盲人使用的特殊文字，书写点字要使用特殊的书写工具、运用特殊的书写方法。

点字的书写工具有点字板和点字笔、盲文打字机、盲文打印机等。在我国，点字板和点字笔、盲文打字机较常见，下面分别加以介绍。

一、点字板和点字笔

点字板和点字笔是我国盲人使用得最为广泛的一种点字书写工具。

目前，我国制造的点字板有金属和塑料两种质地，形状一般为长方形。其规格有多种类型：二十七行点字板（约30.5×22cm）、六行点字板（约15.5×6.5cm）、四行点字板（约22×4.5cm）等，其中以四行点字板最常用。

点字板由上、下两片组成，上片又叫盖板，下片又叫底板，两片之间有铰链相连接。上片上有许多个长方形的孔洞。下片上，对准上片的每个长方形的小孔洞各有一组成长方形排列的六个小凹点，叫点子模板。下片的四个角上各有一个凸起的挂纸钉，在上片相应的位置上各有一个小孔洞，两片合在一起时，挂纸钉与小孔洞恰好吻合，以固定纸张。有的点字板的上片，除了四个与下片的挂纸钉相吻合的小孔洞之外，还有两个小孔洞分别处于上片上端的左右两角，这两个小孔洞叫笔眼。与之相对应，在下片的上端左右两角也各有一个凹点。这样的点字板具有正反书写的功用。

点字笔是锥子式的。它由笔体和笔尖两部分构成。笔体一般由塑料制成，多为葫芦状；笔尖是金属制成的，尖端略钝，与点字板的凹点恰好吻合。

二、用点字板和点字笔书写点字

执笔姿势 右手食指弯曲,将笔体的顶端顶在食指中节的内侧;拇指和中指各在笔体的一侧;无名指和小指都弯曲靠紧中指。写字的时候,笔体要夹得紧、拿得正,点字笔和点字板约成垂直角度,起笔落笔直上直下,不偏不斜。笔的一上一下靠手腕的活动,用手指控制笔的前后位置。执笔姿势如下图所示。①

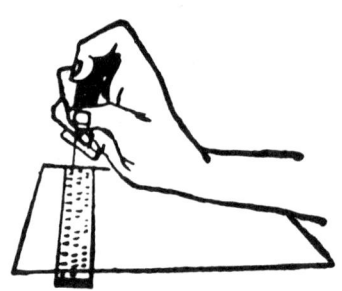

装纸方法 书写点字要用较厚的纸张,写字前先要把纸装入点字板里。具体的做法共四步。

1.将点字板平放于桌面,使点字板的上片在上,下片在下,铰链在左。然后用左手将上片打开。此时,点字板的上片在左,下片在右,铰链在中间。

2.拿起盲文纸,使纸的上边缘与点字板下片的上边缘对齐,将纸的左边缘靠紧铰链的右边缘。

3.右手轻压盲文纸,左手将点字板的上片盖下,同时轻轻抽出右手。

4.用双手的拇指和食指分别用力按压点字板的四个角,听到"咔嗒"的声音时,盲文纸已被挂纸钉刺穿而固定。

纸装好后,就可以进行书写了。当点字板的几行写满后,要重新换板。换板可按以下步骤进行。

1.将点字板打开,上片在左,下片在右。

2.用两手的拇指和食指捏住点字板下片上下面的两个挂纸钉在盲文纸上留下的两个小凸点,并将纸平行向上移,使这两个小凸点与点字板下片上面的两个挂纸钉吻合。

3.右手轻压盲文纸,左手将上片盖下,同时轻轻抽出右手。

4.用两手的拇指和食指同时分别按压点字板的上下左右四个角,听到"咔嗒"的声音即可。

书写方法 右手执笔,按从右到左的顺序,一方一方地写。写一个符

---

① 黄加尼,张克敏:《点字符号用法》,第97页。北京:中国盲文出版社,1985年。

形,可以按照符形的点位数字来写,即按点符中点位的顺序依次写出每个点子。书写前,都必须先记住点字的符形或点位。

目前,我国制造出售的点字板,有的具有正反书写的功能,利用这种点字板可以在盲文纸的两面进行书写。其方法是:当盲文纸的一面书写完毕,先不要将纸从点字板中取出,而是找到点字板上片上端左右两角的两个笔眼,用笔尖将纸刺穿,这时在纸的另一面相应的位置则留下两个小凸点。接着打开点字板,将点字板调换方向,使点字板的开口在左边,然后用通过两个笔眼儿留下的那两个小凸点来挂纸。这样挂上的纸,写字时,下笔的地方恰好在已写出的凸点的间隙,所以能清晰地在纸的两面进行书写。

改错的方法　　书写点字时,某一个符形多写了点子,可取下盲文纸,找到多写的那个凸点,然后用点字笔的笔尖把点子压平即可;对于漏掉的点子,则先要弄清楚错在第几行的第几方,然后把盲文纸重新按原来的位置装到点字板上,用点字笔找到漏点的地方,把它补上即可。

掌握了以上内容后,练习书写盲文时还应注意以下几点。

1.书写点字的方向与明眼人写汉字的方向不同,写点字是从右向左写。

2.书写点字时点符的点位与阅读时点符的点位相反。书写点字时点符的点位是:

4 ● ● 1
5 ● ● 2　　即右竖行上中下分别为第1、2、3点,左
6 ● ● 3　　竖行上中下分别为第4、5、6点。

3.练习书写点字,要右手执笔,左手轻扶点字板,同时左手的食指应帮助点字笔的笔尖定位,并随笔尖一方一方地向左移动。

4.写点字时,右手的手指手腕要灵活,笔尖与纸尽量保持垂直,不能全臂用力。

三、盲文打字机

盲文打字机是一种比较先进的点字书写设备,能快速便捷地进行点字打印。在我国,目前常见的盲文打字机有美国帕金斯盲文打字机和德国Erika-Picht盲文打字机、马尔堡盲文打字机。

(一)帕金斯盲文打字机

美国帕金斯盲校生产的帕金斯盲文打字机(如图)是一种比较精密的特殊教育教学仪器,它比例匀称,造型美观,体积小,重量轻,金属外壳表面涂有灰色搪瓷层,防腐,防锈,坚固耐用,操作简便,在我国的盲文教育教学中发挥了重要的作用。

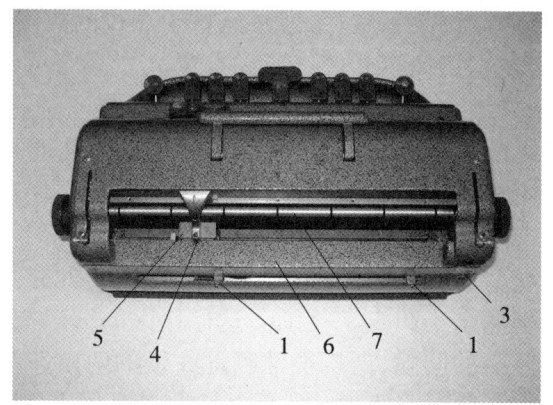

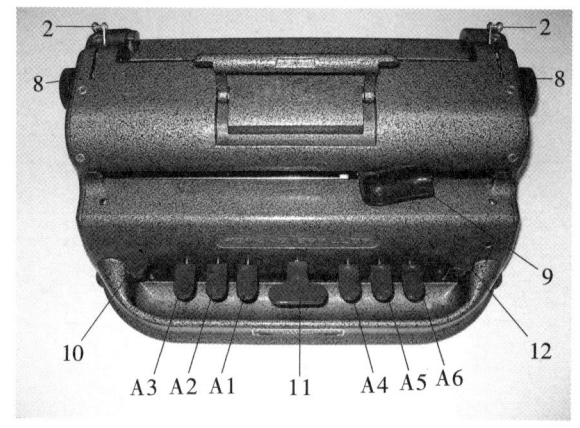

各部件名称

1. 左右边限栓
2. 松纸杆（压纸杆）
3. 左锁纸栓
4. 打字机头
5. 点子模板
6. 撑纸板
7. 带胶圈的卷纸辙
8. 卷纸旋钮
9. 机头操纵杆
10. 换行键
11. 空方键（空格键）
12. 倒方键（回空键）

点位键

A1　1号点位键
A2　2号点位键
A3　3号点位键
A4　4号点位键
A5　5号点位键
A6　6号点位键

1.主要结构及性能

（1）左右边限栓　位于机器的背面,活动于一条长槽中。打字时,可根据纸张的尺寸或个人的需要进行调节,以确定打字机头活动的范围,起到限定行长的作用。调节时,只需用一手的食指和拇指将其片状和球状物同时捏住,就可在槽内左右自由调节,直到所需的位置即可放手固定。为能更准确地放置右边限栓,可在自行定位后,将打字机的机头右移到与右边限栓相靠紧的位置,做进一步的调整（移动过程中会发出轻促的调正声音）,然后再将打字机头移回至左端。使用右边限并正确定位后,可防止打字机机头在行进过程中超出盲文纸以外而被纸卡住难以回到左端,或者不小心会撕坏盲文纸。

另外,右边限栓上带有提示铃。打字时,一旦听到铃声,即是提醒你注意还有4方或7方就打完一行,该准备换行了。

（2）松纸杆（压纸杆）　位于机器的顶部,具有松纸和压纸的作用。用手将其朝键盘方向扳过来,即为松纸；反之,向远离键盘方向推过去,即为压纸。需要注意的是无论松纸还是压纸,都应将其放置到位。

（3）左锁纸栓　是指位于机器后位上方的带有边齿的旋钮。松开此旋钮的螺丝（面对机器的背面反时针方向旋转）,可以向左右各移动半英寸。调节左锁纸栓可以帮你在纸上每一行的左端都留下相同大小的空间,以便装订或满足你的格式要求。调节时,一般将其锁在左或右的边端位置,而不是锁在中间。

（4）打字机头

（5）点子模板　显露于机器的上方。打字时二者同时由左向右一方一方地边移动边在纸上打出凸起的点子。打字机头和点子模板的手动移动可通过机头操纵杆来实现。

（6）撑纸板　位于机器顶端的平面板具有撑纸的作用。

（7）带胶圈的卷纸辙　卷纸辙是个圆柱形部件,上面规则地套有橡胶圈,具有增大摩擦帮助卷纸的作用。同时,橡胶圈可以避免压坏凸起的点子。

（8）卷纸旋钮　机器左右两侧各有一个卷纸旋钮。将其向键盘方向旋,为进纸,可将纸卷入机子内；反之,将其朝远离键盘的方向转动,为退纸。

（9）机头操纵杆　这是一个不同寻常的能容纳三个指头的长圆杯形硬塑部件。停滞状态中的操纵杆,右端稍稍翘起。使用时,需将右手的食指、中指、无名指（用食指、中指两个手指也可以）放在操纵杆上,并向下轻压,使其水平,同时向左或向右移动到你需要的位置,松开压力即可固定在那里。除此之外,若将打字机头与点子模板向左移动,可在无需施以任何压力的情况下,用手指将其向左推移。推移过程中会伴有轻促的机械噪音,这对机器无任何损害。

（10）换行键　在打字机操作键盘部分的左端，是个圆型硬塑键。打字时，一行结束需换行，只要向下按动此键即可。每按动一次，纸便被向前推动一行的位置而实现换行。当换行键被锁住而无法下按时，表明已经到了盲文纸的最后一行。

（11）倒方键（回空键）　在打字机操作键盘部分的右端，是个圆型硬塑键。打字时需要将打字机头向左移动时，按动此键。每按动一下，打字机头则向左退回一方。

（12）空方键（空格键）　是处于打字机键盘部分较大的一个塑料键。每按动一下空格键，打字机头即向右前进一方的距离，且为空白，不会留有凸起的点子，从而实现空方的要求。需要空几方就一下一下连续按动几次。

（13）纸底边栓　位于卷纸辙的侧面为同机器等宽的成直角形的金属部件，可以在进纸时帮助把纸摆放得平直。

（14）点位键（字码键）　打字机键盘部位有六个形状大小一样的硬塑键，叫点位键，可分别打出点字符形中处于六个不同位置上的凸点，需打出哪个点位上的点就按下相应的点位键。一个符形中有哪几个点子就同时按下与这几个点子相对应的几个点位键。因为，无论哪个点位键，只要按动一下，完成一个下按动作，打字机头就会向右前进一方。例如：要打出符形 ⠬（1、2、4、6点），就要同时按下1、2、4、6号共四个点位键，在打字机头左端刚刚打出来的才是 ⠬ 这个符形。

2.装纸方法

盲文打字机所用纸张为普通盲文纸。特殊纸张其宽度不能大于机器的宽度，厚度以相当于两张报纸的厚度为宜。具体的装纸方法按以下步骤进行。

（1）将卷纸旋钮向远离键盘的方向旋到底，即不能旋为止，使打字机内部的夹纸钳处于接纳纸的状态。

（2）将左边限栓固定于机器的最左端，打字机头移至机器的左端，旋开左锁纸栓螺丝，将其移到需要的位置，再旋紧固定左锁纸栓。

（3）朝键盘方向扳起松纸杆并放置到位。

（4）拿起盲文纸，将其下端插入打字机头与点子模板的空隙中，使纸的左边缘靠在左锁纸栓上，纸的下边缘抵住纸底边栓的平面。

（5）用一只手轻压盲文纸使其紧贴在撑纸板上，另一只手向远离键盘的方向轻轻将松纸杆回复到位，使其压住盲文纸。

（6）用双手同时分别将左右两个卷纸旋钮向键盘方向旋，一直到旋不动为止。正常情况下，打字机可以卷入14英寸长的纸，然后旋钮就会自动锁住,所以不必担心盲文纸会被全部卷入打字机内而造成麻烦。

（7）按一下换行键,调整好纸的顶边和第一行的位置,以防连行。

（8）根据盲文纸的宽度或格式要求调整左、右边限栓的位置并固定后,即可开始打字。

3.打字方法

（1）打字姿势　身体坐端正,脚平放于地面。注意腰背挺直,肩部放松,大臂下垂,手腕放平,手指弯曲不要平伸。

（2）指法要求　盲文打字机共有九个键,操作时应运用恰当的指法以达到更快速地完成打字工作。具体的指法操作如下图所示。

（3）打字要求　①打字时,与点符中的点子相对应的几个点位键要同时按下。

②需按键的手指用力下按,其余的手指不要高高抬起,只轻轻搭在键上并且不要施加一点儿压力,以免打出不需要的点子而造成错误。

③按键时用力要均匀,力度适当,不要全臂用力。

④在再次按键之前,要先让键回复到正常状态。

⑤熟练后应尽量做到眼睛脱离开键盘。

⑥打字过程中尽量不要来回旋动盲文纸,以保证改错时能准确定位。

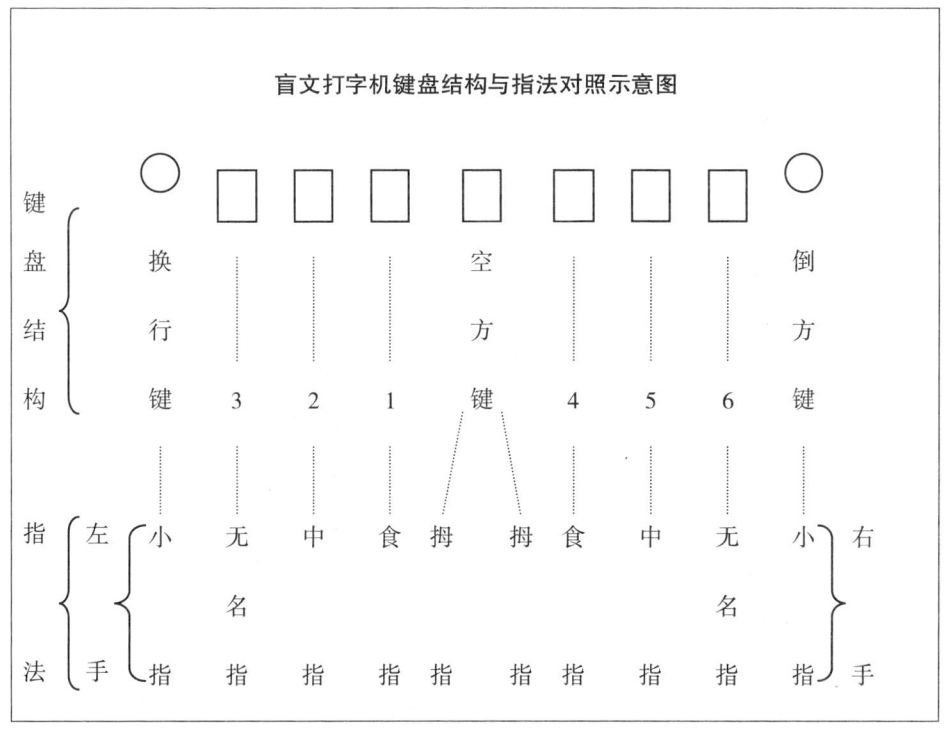

4.取纸方法

取出盲文纸可以按以下方法进行。

（1）可以通过连续按动换行键的方法使盲文纸一行一行地向前移动，直至不再能移动，则表明盲文纸已到最后一行。此时,扳起松纸杆,即可用手取出盲文纸。

（2）可以将卷纸旋钮朝自己身体方向旋，直至不能旋为止,此时盲文纸已被旋出打字机而到了最后一行,但盲文纸并不会自行掉下来,只有扳起松纸杆,才能取出盲文纸。

5.改错方法

在正确使用盲文打字机时,同样可能出现打错的现象,这就需要改正。在介绍改正方法之前,需要提醒注意的是:为了能取得误差小、重叠准确的良好效果,在打字过程中一定不要随意来回转动卷纸旋钮。正常情况下,盲文打字机本身所控制的行距误差可精确在千分之五英寸之内。

改正错误可选用如下方法中的任何一种。

（1）每打一行读一行,并且一边打一边改正。在不动卷纸旋钮的前提下,可以用手摸,发现需要消去的点子,可以用指端把纸压在点子模板两端的空余平板上(也可称为消除盘)擦去即可。如需添加点子,则运用倒方键将打字机头退回到需改正的那一方,再重新按键补上。换行后发现的错误,可用方法（2）改正。

（2）打完一整页,把错误留在最后解决。同样也是,在前段的打字过程中没有转动卷纸旋钮的情况下,发现前面的打印有错误,而且是需要加点子来改正,可暂时停止打字,将卷纸旋钮向自己身体的方向旋到底,使纸重新被卷入机内，再用换行键找到出错的那一行，移动打字机头找到错误的符形，并按键打出点子,使其改正。如果错误的内容为不需加点子,而是消除点子,则先不去理睬,继续打完这一页,再取下盲文纸,将纸放到平面上,擦去多余的点子即可。

6.使用时应注意的问题

（1）所用的盲文纸要平整,边缘整齐。刚开始使用新机器时,纸上会有油,只要重新更换纸张即可。

（2）装纸前一定要先向远离自己身体的方向旋卷纸旋钮,检查夹纸钳是否已处于接纳纸的状态,以免纸装不进去或全部卷入打字机内,造成不必要的麻烦和损害。

（3）用操纵杆移动打字机头时,若出现机头被阻塞或移动不畅,不要硬去移动,应考虑是盲文纸没装好需重新装纸。

（4）打字时一定要尽可能同时按下应该按的点位键,否则,你会感到在其他的键上有阻力,会给你带来不必要的麻烦。

（5）带有操纵杆的打字机头,在打字过程中,一旦到达最靠近右边限栓时,点位键已在最后一次运动时被锁住,不再能打出点子,需换行恢复。

（6）正常情况下,每次按动点位键后,它都会自动复位。一旦出现点位键被卡住,无法下按或回复时,可试着将打字机头向左移动一下或利用倒方键进行调整。还可以用手指向上掀一下点位键,帮它复位。

（7）取纸要使用正确的方法,不能直接用力将纸从打字机内拉出来。

7.保养方法

（1）机器在出厂前已上油保护,并具备了一定的防腐能力,也应避免置于过度潮湿的地方,尤其要注意防止盐水或其他液体进入机器内部。

（2）机器的底部和卷纸系统都用了橡胶,勿将机器接近散热器或置于阳光照射下。

（3）防止利器或碰撞损伤搪瓷表层和硬塑制成的键、旋钮等部件。

（4）机器用过后,要将松纸杆回复到压纸状态,且放置到位,同时最好将打字机头移到左端。一定不要忘了套好随机配备的专用的人造革防尘罩。

（5）一般情况下,没有专用的工具,请勿随意拆卸机器。

（二）德国 Erika-Picht 盲文打字机

德国Erika-Picht盲文打字机有E505、E502、E501、E511、E521多种型号。在我国,最常见的是E501型(如图所示)。这里就其结构、操作方法做简单的介绍。

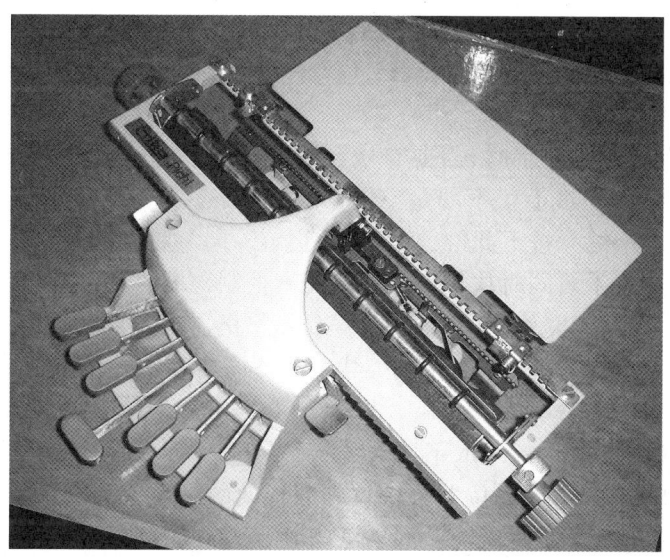

1.各部件名称及性能

（1）阅读案或阅读板　具有支撑纸张的作用,还可以在它的上面摸读盲文纸上刚刚打出来的内容。

（2）载纸架　主要作用是承载打印纸，打字过程中可带动纸张向左或向右移动。

（3）左、右边界定位器　主要是限定打印的左、右边界，可根据纸的宽度或需要打印的宽度进行调节。

（4）卷纸旋钮　旋动卷纸旋钮可以将纸卷入机内。将卷纸旋钮向键盘方向旋，为进纸；反之，为出纸。打字时，若想回到上一行，可以将卷纸旋钮向键盘方向旋一下。

（5）夹纸钳　是位于卷纸横轴上与横轴等长的一块长形金属板，可用手掀起或放下。卷纸时，它可以夹住纸的一端，帮助把纸紧紧地卷在横轴上。

（6）带橡胶圈的卷纸轴　这是一根圆柱形的金属棒，上面的橡胶圈呈均匀分布，卷纸时既可以增大摩擦力帮助卷纸，又可以防止将已打好的凸点压平。

（7）拉紧轴旋钮　卷纸时，将此旋钮向键盘方向旋，可以帮助你把纸拉紧而防止纸折叠。另外，利用此旋钮还可以控制行间距。将它向键盘方向旋一下，就可以将纸向机外推出一行而完成换行，进行再一行的打印。

（8）点位键　打字机共有六个点位键。从中间开始，向左依次为：第1点位键、第2点位键、第3点位键，向右依次为第4点位键、第5点位键、第6点位键。每按动一下点位键，载纸架就会向左移动一格，同时会在纸的相应位置上留下凸点。故打字时，要打印的点字符形中有几个凸点，就要同时按下相应的几个点位键。例如：要打出⣿（1、3、4、5、6）这个符形，就要同时按下第1、3、4、5、6这五个点位键。

（9）空格键　打字时，需要空格，即按动此键。每按动一次，载纸架即向左移动一格，而在纸上留下的是空白，无任何凸点。

（10）放松键　按下此键，载纸架即被解除向左移动的阻力。但请注意：按放松键时，右手要同时扶住卷纸旋钮而有控制地向左移动卷纸架，否则，载纸架会失去控制而突然冲向左侧，这样易损伤机器或给自己造成伤害。

（11）后退键　按动此键一下，载纸架即向右移动一格。

2.操作方法

（1）按下图所示标号取下所有的保护装置。

（2）将左、右边界定位器分别移到载纸架的最左端和最右端。

（3）旋动夹纸钳使横轴上的夹纸钳处于上方，并用手将夹纸钳打开。

（4）将盲文纸的一端通过鼻状键头的下方插入打开的夹纸钳，使纸的底边与横轴平行。一手轻压盲文纸，另一手将夹纸钳合上夹住纸。

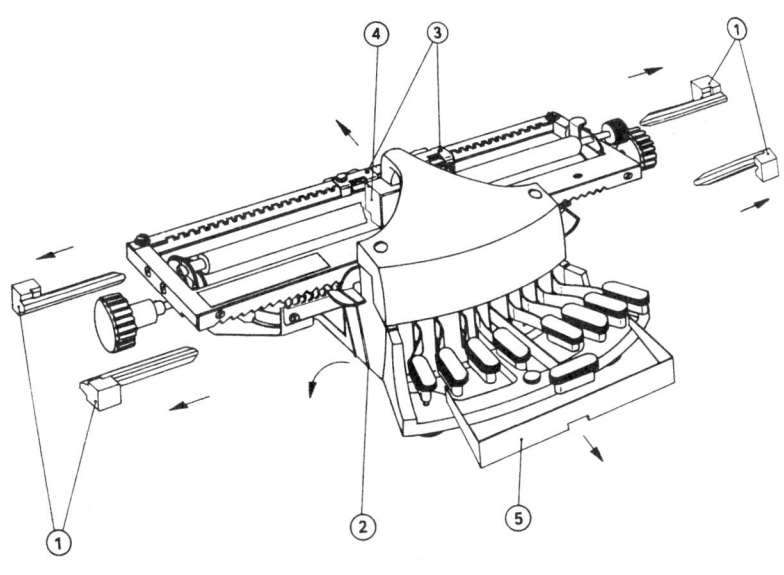

（5）向键盘方向转动卷纸旋钮，将纸平整地卷入机内。

（6）根据纸的宽度或打印格式的要求调节左、右边界定位器。

（7）拉动右卷纸旋钮，使载纸架向右移动，将打字机键头处于纸的最左端，即可开始打印。

（8）打字时，注意按键的力度应均匀，只要把键按下即可，不能用力过猛。要打印的符形中有几个凸点，就要同时按下相应的几个点位键。

（9）打字的过程中，一旦听到一声清脆的铃声，即是提醒你注意：还有六格即打完此行，需换下一行再打。

（10）换行的方法是：向键盘方向转动拉紧轴并到位，纸即向机外退出一行，然后再将载纸架向右拉动到位，即可开始新的一行的打印。

（11）打字时，若出现错误，需重新添加凸点，可利用卷纸旋钮将纸重新卷到错误所在的那一行，用后退键或放松键找到错误所在的那一格，然后，再次按键打印。

3.注意事项

（1）打字机必须放在水平的桌面上使用，允许向上倾斜5°。

（2）所用的纸张最大宽度为27cm，长度任意。

（3）按动放松键，务必注意用右手控制载纸架，以免失控而损坏机器或给自己造成伤害。

（4）一张纸打完以后，用卷纸旋钮或拉紧轴将纸旋出，不可直接将纸从机器内拉出来。

（5）请保存好所有的安全装置。不用时，应按要求将机器的保护装置装好,再放入箱中。

（6）注意防尘、防潮。打字机机身或各部件弄脏时,可用一块布浸上洗涤剂或酒精擦拭。一般情况下,打过50000张纸或使用5年以后,应对机器进行彻底的检修或清洗。

（三）马尔堡盲文打字机

马尔堡盲文打字机为机械点阵打字机,是盲人专用盲文书写工具(如下图)。

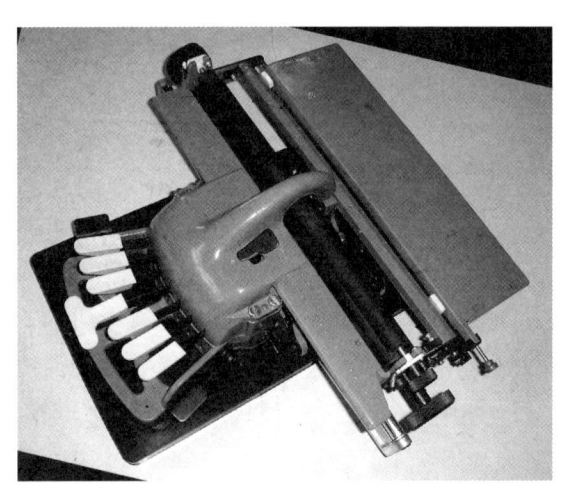

1．装纸

（1）装纸之前,必须先将触读板转至水平位置。方法是:将触读板翻转向左推,旋转触读板至水平方向,放松翻转钮使其右端进入槽内。

（2）把卷纸皮辊上的压纸板调整到水平位置后翻起。方法是:转动卷纸手柄,使压纸板处于水平位置,在卷纸皮辊的缺口处,用手指搬起压纸板。

（3）装纸时,将纸页放入卷纸皮辊的平槽上,压上压纸板,使纸页固定在皮辊上,然后向键盘方向旋转皮辊,直至纸页自然边与左右限位键对齐。

（4）设置起始位置。方法是:按下左右限位键左右移动,设定左右边限。

2．打字

（1）打字前必须将机头移至最右端,再开始打字。

（2）按下一个或多个盲点键,盲符即可打印在纸页上。

（3）按下空方键,可在两个盲符之间产生一方盲符所占的空白。

（4）每次按下盲点键或空方键,机头会自动向左移进一格;当打到最后五方时,信号铃将提醒你打字已接近行尾,应注意及时换行。

（5）每打完一行需换行时,转动行调节手柄,听到行调节皮辊右方发出"哒"声时,表示已换行;每发出一声,表示换了一行。

（6）当最后一行完成时，旋转卷纸手柄，使压纸板处于水平位置，翻开压纸板，将纸页小心取出。

3.倒格与释放

（1）每按下一次倒格键，可使机头后退一格。当打字漏点或错点时，可按动倒格键，使机头移至错漏之处，然后修改。

（2）按下限位释放键，可解除预先设置的左右边限，免除打字首尾的强制，当书写格式发生变化或行尾点符不满足格式要求时，应按下此键使书写完整。

（3）按下回行键，可使机头自动回到起始位置或任选位置。当时用完打字机后，必须按动此键，将机头置于打字机的中央。

4.打印便条纸带

当需打印便条纸带时，可将纸条插入左纸带安装卡簧内，拉直纸条再插入右纸带安装卡簧内，即可按照前述的方法在纸袋上打字。

5.注意事项

（1）使用回行键时，应用手适当抵扶机头，以免过度冲击而损坏机器和碰伤人或机旁其他器物。

（2）打字机的机头和机头导轨为关键部件，不可受到撞击，不要随意拆卸。应避免无纸空打，防止点字针头损坏。

（3）打字机不要放置在潮湿或高温的地方，并注意避免有害气体侵蚀零件。勿自行加润滑油，以免沾染灰尘结成油垢。

（4）存放时，必须将机头置于打字机的中央，将防震胶垫与打字机一起放入外箱中。携带外出时，最好仍将原来的填充物填入箱内，以防碰撞而造成打字机损坏。

（四）点字的书写格式

点字的书写格式基本遵照普通文字的书写格式要求。这里需要指出的是：

1.句号、逗号、顿号、冒号、分号、感叹号、问号等点号不能写在一行的行首。

2.引号、括号、书名号等标号的前部分不能写在一行的末尾，后部分不能放在另一行的开头。

3.省略号、破折号等由两方或三方符形构成的符号，不能拆开来而分放在一行的末尾与下一行的开头。

4.文章的标题要空四格。每段的开头要空两格。

5.前后连用的两个标点符号，如果前面的符号要求后空一格，后面的符号要求前空一格，这时，只要在两者之间空一格即可。

思考题

1.读下面的短文，并用汉字写出来。

[盲文点字图]

2.阅读盲校小学低年级语文教材，也可找一本你感兴趣的盲文读物，利用课余时间读一读。

3.边示范边介绍盲人摸读的姿势和方法及用写字板写点字的正确执笔姿势、装纸和换板的方法以及书写点字时应注意的问题。

4.用写字笔和写字板（或盲文打字机）译写下面的一段话。

花朵盛开的春天固然可爱，瓜果遍地的秋色更加使人欣喜。

秋天，比春天更富有欣欣向荣的景象。秋天，比春天更富有灿烂绚丽的色彩。

你瞧，西面山洼里那一片柿树，红得多么好看，简直像一片火似的。还有苹果，那驰名中外的红香蕉苹果，也是红得那么鲜艳。山楂树上缀满了一颗颗玛瑙似的红果。葡萄呢，更加逗人喜爱：那种叫"水晶"的，晶莹透明，真像是用水晶和玉石雕刻出来的；而那种叫"红玫瑰"的，则紫中带亮，活像一串串紫色的珍珠……

好一片迷人的秋色啊！

我喜欢这绚丽灿烂的秋色，因为它表示着成熟和繁荣，意味着欢乐和富强。

主要参考文献

1. 滕伟民，李伟洪：《中国盲文》，北京：华夏出版社，1996.34。
2. 黄乃：《建设有中国特色的汉语盲文》，北京：中国社会出版社，1999年。
3. 钟经华：《汉语盲文改革的新视角》，《中国特殊教育》，2004，6：45-48。
4. 黄加尼，张克敏：《点字符号用法》，北京：中国盲文出版社，1985年。
5. 钟经华：《繁荣盲文研究 发展盲人先进文化》，《现代特殊教育》，2006年2月。
6. 钱志亮：《盲校高中学生对推行汉语双拼盲文态度的调查研究》，《中国特殊教育》，2000年1月。
7. 钱志亮：《从认知心理学看"一年级盲生学双拼难"的问题》，《特殊教育》，2000，6：3-4。
8. 钱志亮：《从教育心理学看"一年级盲生学双拼难"的问题》，《特殊教育》，2001，2：3-4。
9. 钟经华：《简写是汉语盲文升级的必由之路》，《中国特殊教育》，2005年11月。
10. 国家技术监督局《中国盲文》，中华人民共和国国家标准GB/T 15720—1995 1995-09-08.12。
11. 万明美：《视力残疾教育》，第96页，台北：五南出版公司印行，1990年。
12. 钟经华：《运用简写符号提高盲文的书写和阅读速度》，《现代特殊教育》，2007年1月。
13. 钟经华：《盲校应尽早推行英语二级盲文教学》，《现代特殊教育》，2006年9月。
14. 钟经华：《运用简写符号区分现行盲文同音词》，《现代特殊教育》，2006年11月。
15. 宋春秋：《怎样理解盲文的"正摸反写"》，《现代特殊教育》，1995年第5期。
16. 苏林：《视力残疾儿童随班就读工作手册》，北京：华夏出版社，1993年。
17. 黄伯荣、廖序东：《现代汉语》，北京：高等教育出版社，1991年。
18. Sally S. Mangold主编，钟经华编译：《盲教育教师指南》，北京：华夏出版社，1992年。

19.宋春秋:《如何使用盲文打字机》,《现代特殊教育》,1994年第4期。

20.徐白仑:《视障儿童随班就读教学指导》,北京:华夏出版社,1992年。

21.宋春秋:《怎样巧记盲文点位》,《现代特殊教育》,1994年第1期。

22.沈家英、陈云英、彭霞光:《视觉障碍儿童的心理与教育》,北京:华夏出版社,1993年。

23.Neustadt N.LONG CANE TRAINING – A GLOBAL APPROACH. http：//www.icevi.org/publications/educator/July_06/Educator_July–06_part1.html

24.Ashcroft S.C. etal *New Programmed Instruction in Braille*. SCALARS Publishing. Nashville. 1991.

25.Wu,L. Y.（1993）. *Suggestions for Refining the Chinese Braille System. Journal of Visual Impairment and Blindness*. October 1993.